Wasserfrauen

Texte von Florence Hervé

Fotos von Thomas A. Schmidt

AvivA

AM ANFANG WAR DAS WASSER ...

Wasser ist Quelle des Lebens, Grundlage menschlicher Entwicklung. Es ist wandlungsfähig, erscheint still, plätschernd, rauschend, strudelnd oder wild, als Regentropfen, Schneeflocke oder Eisberg. Es ist durchsichtig, blau, silbern, grün, braun, schwarz, oder trüb, fließend oder stehend. Es spiegelt wider, ist unendlich und zeitlos, kann lebenserhaltende sein oder zerstörerische Kraft.

Im Alltag begegnet es uns als Leitungswasser, Lebensmittel, Freizeitelement oder Heilbad.

Am Anfang war das Wasser. Das Urelement, aus dem der menschliche Körper wie die Oberfläche unseres blauen Planeten zu zwei Dritteln besteht – darunter 2,5 Prozent Süßwasser.

Wasser ist Symbol des Lebens, des Todes, des Kreislaufs und der Vergänglichkeit. In Schöpfungsmythen gilt das Urgewässer als weiblich. In den meisten Kulturen wurden die Meere und die Seen mit einer Großen Mutter oder Muttergöttin in Verbindung gebracht. Bis ins Mittelalter wimmelte es von Wasserfrauen und -müttern, von Nymphen – wohltätige Geister von Quellen, Seen, Flüssen und Meeren –, von Nixen und Sirenen. Es waren sowohl todbringende wie lebens- und segenspendende Wesen.

Die Wasserfrauen symbolisierten die Identifikation von Frauen mit dem Wasser. Zum Beispiel Aphrodite, die aus dem Mittelmeer entstiegene Göttin. Oder Thalassa, Gattin des Okeanos und Göttin des Mittelmeeres. Melusine, Schlangenweib und Geist des Wassers, beschützte die Brunnen. Viviane (auch Nimueh genannt), Dame des Sees und Königin des Wassers, hütete die Quelle und den See, aus welchem König Artus das Schwert Excalibur erhielt. Die keltische Fee Morgane schöpfte ihre magischen Kräfte aus dem Wasser. Loreley, die Flussnixe auf dem Felsen und Zauberin von Bacharach, lockte die Schiffer an und zog sie in die Tiefe hinab. Undine lebte in Waldseen und an Wasserfällen – und konnte, ebenso wie die kleine Meerjungfrau, nur eine Seele erhalten, wenn sie sich mit einem Menschen vermählte.

In vielen Religionen wird Wasser heute noch als Lebensquelle verehrt und als Element für Riten benutzt, zur Reinigung und zur Heilung: Ob im Christentum bei der Taufe, im Judentum in der Mikwe, im Islam bei den Waschungen und im

Hamam oder im Buddhismus. In den griechischen, keltischen und römischen Kulturen gab es bereits Thermen – das Heilbad diente der physischen Reinigung und der Entspannung.

Wasser bedeutet Leben und Überleben: als Lebensraum für Menschen, Tiere und Pflanzen, für die Ver- und Entsorgung. Wasser als Trinkwasser und für den Haushalt, zur Herstellung von Lebensmitteln, für Energie und Transport, für Landwirtschaft und Industrie. Wasser als Heilkraft, für medizinische Zwecke, zur Freizeitgestaltung.

Frauen haben ein enges Verhältnis zum Wasser. Denn sie sind für den Großteil der Care-Arbeit verantwortlich, wozu sauberes Wasser benötigt wird – zum Trinken, Ernähren, Kochen, Waschen, Spülen, Putzen, Pflegen. In ländlichen Regionen von industriell wenig entwickelten Ländern kümmern sich Frauen zudem um die Wasserversorgung. Nicht zuletzt durch durch diese Verantwortung und durch die noch immer fehlende sanitäre Grundversorgung sind Mädchen und Frauen von der gleichberechtigten Teilhabe an Bildung ausgeschlossen.

Doch wenn es um die gesellschaftliche Nutzung von Wasser geht, sind Frauen bei relevanten Entscheidungen auf kommunaler, nationaler und internationaler Ebene unterrepräsentiert und werden mit ihrem Wissen kaum beteiligt. Technische und wirtschaftliche Aspekte des Wassers gelten als Männersache.

Multinationale Konzerne wie Nestlé, Veolia oder Coca-Cola machen Riesengeschäfte mit dem kostbaren Gut Wasser, dem »blauen Gold«.[1] Wer Zugang zu Wasser und zu Quellen hat, hat Macht. Regierungen können Wasser für strategische Zwecke nutzen, indem sie mit Staudämmen anderen Anrainerstaaten Wasser vorenthalten, indem sie die Wasserverteilung diskriminierend regeln.

Trotz des weltweiten Mangels an sauberem Trinkwasser wird Wasser insbesondere in Industrieländern, aber auch in Schwellenländern, vergeudet und verschmutzt. Hinzu kommt der bedrohliche Klimawandel mit zunehmenden Dürreperioden und steigendem Meeresspiegel.

Entscheidende Wasser-Ökosysteme gingen laut WWF in den vergangenen hundert Jahren verloren: weltweit über 50 Prozent der Flusssysteme, Moore und Seen. Heute herrscht in vielen Regionen Süßwasserknappheit.

Nach Berechnungen der Vereinten Nationen droht der Hälfte der Menschheit bis zum Jahr 2050 Unterversorgung mit Wasser. Schon jetzt haben mehr als 780 Millionen Menschen keinen Zugang zu sauberem Trinkwasser. 2,6 Milliarden Menschen fehlt eine sanitäre Grundversorgung. 20 Millionen Menschen sterben jährlich durch verseuchtes Trinkwasser. Ein Drittel des Grundwassers ist in Deutschland mit

Nitrat verunreinigt. Die Zeiten, in denen Wasser ein fast unerschöpfliches Gut war, sind lange vorbei.[2]

Die Generalversammlung der Vereinten Nationen erkannte am 28. Juli 2010 das Recht auf sauberes Trinkwasser und Sanitärversorgung als ein Menschenrecht an, das unverzichtbar für den vollen Genuss des Lebens und aller anderen Menschenrechte ist. Die UN-Aktionsdekade »Wasser – Quelle für das Leben« 2005-2015, der seit 1993 am 22. März begangene Weltwassertag sowie die seit 1997 alle drei Jahre stattfindenden alternativen Weltwasserforen erinnern an die Bedeutung des Wassers.

Auch im Zusammenhang mit dem Klimawandel ist in den letzten Jahren das Bewusstsein für die Wassergefährdung gestiegen. Wissenschaftlerinnen und Aktivistinnen wie Vandana Shiva, Maud Barlowe und Maria Mies warnen vor der Globalisierung und der Privatisierung von Wasser.[3] Menschen aus Nichtregierungsorganisationen und Bürgerinitiativen treten gegen Privatisierungsbestrebungen im Bereich der Wasserversorgung ein. Mehr als 1,9 Millionen EU-Bürger/innen unterstützten 2013 das Europäische Bürgerbegehren für das Menschenrecht auf Zugang zu Wasser und sanitärer Grundversorgung sowie für öffentliche Wasserversorgung. Sie traten gegen die Vermarktung der Wasserwirtschaft ein, die die Vergabe des Allgemeinguts Trinkwasser in die Hand von Konzernen ermöglicht. Frauen engagierten sich in aller Welt: gegen Staudämme, bei deren Bau durch Raub an indigenem Land oder Abholzen von Regenwäldern wie in Brasilien und Indien die Lebensgrundlage von Zehntausenden Menschen zerstört wird, aber auch gegen die Einführung von unsozialen Wassergebühren wie in Irland und Italien. Und weil Frauen in städtischen und privaten Wasserversorgungs- und Abwasserunternehmen unterrepräsentiert sind, fordern sie die Berücksichtigung von Genderaspekten bei Entscheidungen im Wassersektor als unverzichtbar für ein nachhaltiges und sozial gerechtes Wassermanagement.[4]

»Unsere« Wasserfrauen erzählen von der Vielfalt und der Schönheit des Wassers, aber auch von dessen Gefährdung. Und sie laden dazu ein, in das Thema Wasser einzutauchen.

Wir haben Frauen aufgesucht, die mit dem Wasser durch ihre Arbeit verbunden sind, als Ingenieurin, Umweltschützerin, Unterwasserarchäologin, Völkerrechtlerin, Gondoliera, Wäscherin oder Stadtplanerin.

Frauen, die sich vom Wasser inspirieren lassen, als Musikerin, Malerin, Schriftstellerin, Theaterfrau oder Eisbildhauerin.

Frauen, die Wasser als Abenteuer, Erholung oder Herausforderung erleben, als Schwimmerin, Kajaksportlerin, Anglerin, Schifferin, Iglu-Architektin, Supervisorin einer Therme oder als Aktivistin gegen Staudammbau oder gegen Wasserprivatisierung.

In Bild und Wort werden über zwanzig Frauen aus einem Dutzend europäischer Länder in den unterschiedlichsten Süßwasserlandschaften vorgestellt – an Flüssen, Bächen, Seen, Schluchten, Mooren, Schneefeldern – oder an Brunnen, Wassermühlen, Schleusen, Kanälen und Staudämmen …

Dabei entsteht ein vielfältiges Bild des Wassers wie auch der Beziehung von Frauen zum Wasser.

Wasser als Arbeitsplatz

Barrie Andrian

Unterwasserarchäologin
Kenmore
Loch Tay

Ein Werbeplakat für Unterwasserarchäologie veränderte das Leben der US-amerikanischen Studentin. Die 20-jährige Barrie Andrian absolviert gerade ihr Auslandssemester in Geschichte und Literatur in London, weiß noch nicht, was sie später machen will. Und sieht dieses Plakat. Ein Aha-Erlebnis. Pläne werden umgeändert. Daraufhin belegt sie das Fach Wasserarchäologie, schnuppert bei einer Vorlesung: »Das war es. Ich habe nicht mehr zurückgeblickt.« Die besten Programme für das Studium befinden sich an der renommierten und zugleich ältesten Universität Schottlands im Institute of Maritime Studies in St Andrews, einer Kleinstadt an der Ostküste. Natürlich direkt am Meer. Also fährt sie hin und macht während der März-Ferien einen Tauchkurs, eine Woche lang, sieben Stunden pro Tag. Mit gemieteter Ausrüstung taucht sie im Hafen. »Es war fantastisch … und eiskalt«, erinnert sie sich. »Ich habe es überlebt, bekam danach die Grippe, aber mein künftiger Lebensweg zeichnete sich ab.«

Eine Affinität zum Wasser hatte Barrie Andrian eigentlich schon von Kindheit an. Sie wurde sozusagen mit Wasser ums Herz geboren. In Hartford nah am Meer, einer Stadt am River Connecticut, die manche Pionierin und starke Frau wie die Schriftstellerin und Gegnerin der Sklaverei Harriet Beecher Stowe, die Autorin und Frauenrechtlerin Charlotte Perkins-Gilman und die kluge und emanzipierte Schauspielerin Katharine Hepburn erlebte. Die Kindheit spielt sich 15 Minuten vom Wasser entfernt ab. »Im Sommer liebte ich es zu schwimmen«, erzählt sie. Nach dem Studium im Trinity College wagt sie den Sprung nach Europa. Ins Wasser.

Nach der Entdeckung der Unterwasserarchäologie in St Andrews und der Beendigung ihres Studiums in den USA erfährt Barrie Andrian von einem Unterwasseraushub in Portsmouth. Eine fantastische Geschichte. Und ein wunderbarer Ort um zu forschen. Nichts wie hin. Mitte des 16. Jahrhunderts sank das Kriegsschiff Mary Rose, das zur Prestigeflotte des Königs Heinrich dem VIII. gehörte, im Ärmelkanal, im Gefecht gegen die Franzosen während des Italienischen Kriegs im Solent. Ein Riesenschiff mit vier Decks und 91 Kanonen, gebaut aus mehr als 600 Eichenstämmen. Als es kenterte, befanden sich etwa 500 Menschen an Bord. Das Wrack barg unglaubliche Schätze, mehr als 19.000 Gegenstände wurden gefunden – von Rasierklingen und Schmuck über Holzgriffe und Medikamente bis hin zu Zinngeschirr. Und mehr als neunzig komplette Skelette.

In den 80er Jahren werden große Teile des Wracks gehoben. Barrie Andrian ist bei der Bergung dabei, sie gehört zum Team. Fünf Jahre lang unternimmt sie immer wieder Tauchgänge in zwölf Meter Tiefe, je nach Ebbe und Flut, neun oder zehn Tage hintereinander. Sie ist verantwortlich für den vorderen Teil des Schiffes mit vier Decks und findet etliche Skelette. »Manche Kollegen mochten diese Arbeit nicht«, sagt sie, »vielleicht aus religiösen Gründen. Ich hatte keine Angst, ich sprach zu den Toten, irgendwie kommunizierte ich spirituell mit ihnen. Ich fühlte mich ihnen sehr nah.« Sie entdeckt einen Langbogenschützen auf dem Hauptdeck, einen Elite-Krieger der Seeflotte. »Eigentlich eine traurige Geschichte. Er versuchte zum oberen Deck zu rennen, wurde aber auf der Leiter von hinten getroffen. So stand er auch, die Pfeile noch im Rücken.«

Barrie Andrian schwärmt von dieser Zeit. Sie habe viel gelernt, ihren Abschluss in Geschichte gemacht, Archäologie in der Feldforschung erlernt. 1985 ist sie auf der Insel Wight vor Portsmouth, wo sie Projekte zu weiteren Schiffswracks leitet. Ein Jahr später trifft sie ihren künftigen Mann auf einer Konferenz – Nicholas Dixon.

Der schottische Unterwasserarchäologe forscht in St Andrews und promoviert über Crannogs – was auf Irisch so viel wie Bäume heißt –, runde, aus Baumstämmen, Sand und Steinen in der Eisenzeit errichtete Inseln.

Seitdem wird zu zweit gearbeitet, geforscht und gelebt. »1987 war ich soweit«, sagt sie. Sie folgt ihm, arbeitet ebenfalls an der Universität Edinburgh und widmet sich von da an ihrem nächsten Projekt in der Unterwasserarchäologie. Umzug an den Loch Tay, einem der über 550 Süßwasserlochs in Schottland. Ein See, in dem sich 19 Crannogs befinden, darunter 13 unter Wasser, durch die Kälte gut konserviert. Einer der Crannogs, Priory Island, eine kleine grüne Insel – auch Insel der Frauen genannt –, beherbergt das Grab der Königin Sibylla aus dem 12. Jahrhundert.

Von der See zum See, von der Hafenstadt zu den Lochs der schottischen Highlands, dem Land der Legenden, der Räuber und Dichter. Es ist ein intensives Wassererlebnis, sagt Barrie Andrian: »Das Wasser ist unter uns, über uns (sie meint den häufigen Regen) und um uns.« Ihr Haus Viewfield nahe des Crannog Centre liegt selbstverständlich am Wasser. Loch Tay, 23 Kilometer lang, zwischen 61 und 150

Meter tief, ist ein dunkler See, der sich an der Ben Lawers-Bergkette durch Felder und Wälder schlängelt. Mit zahlreichen Wasserfällen in Acharn oder Dochart, auch »Peitsche des Teufels« genannt. Der schottische Robin Hood und Volksheld Rob Roy war am Loch Tay, in Taymouth Castle bei Kenmore, einem Dorf am See aus dem 18. Jahrhundert. Dort, im Salon der ältesten Schenke, schrieb der Dichter Robert Burns Verse an die Wand über dem Kamin. Sie erzählen von tosenden Fluten und grünen Weiden, besingen den Palast, den wilden Wald, den ausgestreckten See mitten in der Hügellandschaft, und den lieblichen, sich windenden River Tay. Der See ist Treffpunkt für Graugänse und zahlreiche Forellen, Lachse und Flussbarsche. Unweit des westlichen Ufers wächst The Yew Tree, der Baum der Ewigkeit, mit 5000 Jahren die älteste Eibe Europas. Und vor allem birgt der Loch Tay Schätze. »Wir haben 1990 so viele kleine Objekte gefunden«, sagt Barrie Andrian. »Es war wie ein gigantisches Puzzle. 1991 waren es breite Teile eines Hauses. Jedes Stück Holz hat eine Bedeutung, jeder kleine Gegenstand ist wichtig. Z.B. Dinkelkörner oder Schlafmohn – wurde damals damit gehandelt? Eine einzige Mohnkapsel enthält allein 1000 Samen.« Unter den Originalfundstücken waren Essensreste, Töpfergefäße, tierische Knochen. Die Crannog People waren Bauern und besaßen Kühe,

»Wenn ich alle Tauchgänge zusammenrechne, dann bin ich ein ganzes Jahr unter Wasser gewesen.«

Schafe und Ziegen. Später wurde das Wildschwein gejagt – das Wahrzeichen der Pikten, der Urbevölkerung Schottlands.

An einem Oktobersonntag, beim »Festival of Fruit and Funghi«, führt Barrie Andrian die Besucher/innen des Scottisch Crannog Centre über einen zwanzig Meter langen Holzsteg zum original- und maßstabsgetreuen, mit Farnkraut bedeckten Crannog, der auf kreisförmig im Wasser errichteten Pfählen steht. Sie erzählt, wie Menschen und Tiere vor 2500 Jahren dort lebten. Wenig sei über die Spätbronzezeit und frühe Eisenzeit bekannt, erklärt die Archäologin und passionierte Historikerin. »Es ist wirklich aufregend, Beziehungen zu den Menschen von damals zu knüpfen.«

Der Crannog Oakbank sei bis zum Mittelalter von den Menschen genutzt worden, vermutlich um sich vor Feinden und wilden Tieren zu schützen. Der Gemeinschaftsraum des Rundbaus mit geflochtenen Wänden aus Schilfrohr und Haselnusszweigen hat eine Feuerstelle und einen Webstuhl. »Es ist ein Ort der Meditation«, meint Andrian.

Am Ufer liegt ein zehn Meter langer Einbaum. Eiche, Tanne, Ulme und Holunder wurden damals für den Bau der Boote verwendet, sagt sie, die die Struktur des Holzes liebt.

Im Freilichtmuseum lernen Kinder Feuer zu entfachen, prähistorische Werkzeuge zu bedienen, Apfelsaft zu pressen, zu weben, Körner zu mahlen. Manche der hundert Anwesenden probieren eine selbstgemachte Suppe mit Kräutern, Beeren und Waldpilzen. Barrie Andrian im Eisenzeit-Look, in eine beige Tunika aus Leinen gehüllt, serviert und erzählt. Das Crannog Center habe inzwischen auch Anerkennung gefunden und wurde 2013 mit dem begehrten Gold Star Award für grünen

Tourismus und 2015 mit der Medaille für den besten Landtourismus ausgezeichnet. Diese Wertschätzung gab es nicht immer.

Zu Beginn der Forschungen hielten die Einheimischen sie und ihren Mann für verrückt. Ohne Geld dieses Experiment wagen? Die Wissbegierde über das Leben vor 2.500 Jahren war stärker als die Zweifel: »Der Schlüssel liegt eben im Wasser.« Beide haben sozusagen alles per Hand gemacht, am Anfang zunächst fünf bis zehn Pfähle pro Tag am Grunde des Sees freigelegt. Dann kam Hilfe von der Waldkommission und von Bauern. »Es ist ein Wunder, dass wir es geschafft haben.« Man brauche Wissen, Erfahrung, Ausdauer, Humor, Leidenschaft und Geduld. »Es hat viel Blut, Schweiß und Tränen gekostet«, erinnert sie sich, »aber wir haben immer viel gelacht.« Und sie habe das Glück gehabt, etwas zu machen, das bisher niemand vor ihr getan hatte.

Sicher, der Winter sei manchmal hart. Das Crannog Centre schließt von November bis April. Und da müsse sie sich als Geschäftsführerin und Direktorin des Scottish Trust for Underwater Archeology um Gelder kümmern, um Sponsoren, damit das Centre weiterbestehen könne. »Ohne Zuschüsse können wir nichts.«

Aber an Plänen für die Zukunft fehlt es nicht. Für 2017, zum 20. Jahrestag des Beginns der Crannog-Forschungen, hofft Barrie Andrian auf ein richtiges Museum, mit einem Ausbildungszentrum für experimentelle Archäologie, und auf Unterstützung der Regierung.

Außerdem würde sie gerne wieder tauchen. »Ich muss einfach ins Wasser. Ich bin eine Feldforscherin. An Land bin ich nie glücklich.« Sie schaut auf den Loch Tay mit dem torfigen Boden, dessen Farbe, Höhe und Tiefe ständig wechseln. »Manchmal gibt es zwei Meter hohe Wellen. Das Wasser bewegt sich wie Feuer.« Je nach Licht kann es schwarz, grün oder gelb sein, am frühen Morgen spiegelt es die herbstlich bewaldeten Hügel. Und sie steigt in ihrem Taucheranzug ins kalte bernsteinfarbene Wasser, das weitere Entdeckungen verheißt: »Ich tauche in Whiskey«, lacht sie, und fügt hinzu: »Wenn ich alle Tauchgänge zusammenrechne, dann bin ich ein ganzes Jahr unter Wasser gewesen, in bis zu sechzig Metern Tiefe.«

BUND

Susanne Gerstner
Landschaftspflegerin
Meike Kleinwächter
Biologin

Burg Lenzen, Elbe

Die Liebe zu natürlichen Flusslandschaften hat sie an die Elbe und deren Nebenfluss Löcknitz gebracht, im Dreiländereck von Niedersachsen, Brandenburg und Sachsen-Anhalt.

Beide, Jahrgang 1967, wohnen hinter dem Deich. Sie lieben die Elbe und deren vielfältige Fauna und Flora. Und sie sind besorgt über die Pläne zur Verlängerung der Autobahn 14 und deren Querung der Elbe durch das größte Biosphärenreservat im Binnenland. Sie beunruhigt auch die Erwägung, die Elbe als Bundeswasserstraße weiter auszubauen.

Beide schwärmen für Wasserwildnis, grüne Wiesen und Wälder mit Flatterulmen und Schwarzpappeln, lebendige Auen, in denen Schwarzstörche, Kraniche, Seeadler und Eisvögel, Biber und Fischotter zu Hause sind. Sie möchten die letzten

»Den Fluss sehen, unterschiedliche Stimmungen am Wasser erleben, das brauche ich, um in den Tag reinzukommen.«

intakten Auen schützen und die Menschen dafür sensibilisieren. Und sie arbeiten mit dem Bund für Umwelt und Naturschutz Deutschland e.V. (BUND) auf Burg Lenzen daran.

Susanne Gerstner, die am Rand von München an der Isar in einer naturverbundenen Familie aufgewachsen ist, konnte sich dennoch nicht vorstellen, dass man so nah an der Natur leben kann. »Hier gehe ich aus der Tür und stehe mitten in der Fluss-Natur.« Sie wohnt in Hinzdorf, in einem alten renovierten Haus direkt hinter dem Deich, »nur fünfzig Meter Fluglinie bis zum Fluss – Wiese, Deich, Wiese, dann bin ich am Wasser.« Sie beginnt den Tag mit einem Spaziergang frühmorgens, mit Freundin und Hund. »Den Fluss sehen, unterschiedliche Stimmungen am Wasser erleben, das brauche ich, um in den Tag reinzukommen«.

Wasser ist lebenswichtig für sie. In der Kindheit waren es die Isarauen, auch während des Studiums in Freising befasste sie sich unter anderem mit Flüssen und deren Veränderungen durch die Einwirkung des Menschen. Nach Jahren der Landschaftsplanung im Mittelgebirge landete sie auf Burg Lenzen an der Elbe und trat 2006 ihre Arbeitsstelle beim BUND an – u.a. für das Elbeprojekt »Blaues Wunder«. Sie war fasziniert von der Elbe nach dem Jahrhundert-Hochwasser. Die Bäume standen mitten im Wasser – ein beeindruckender, gewaltiger Strom. Ob Bertolt Brechts Spruch, der in der Burgausstellung zitiert wird, Pate dafür stand, der Elbe mehr Raum zu geben? »Der Fluss wird gewalttätig genannt, aber das Flussbett, das ihn einengt, nennt keiner gewalttätig.«

Dieses Erlebnis bewegte sie, hierherzuziehen. Nach Lenzen. Die alte Drei-Türme-Stadt (Rathaus, Burg, Kirche) mit etwa 2.200 Seelen ist umgeben von Wasser – Flüsse, Seen, Moore. Deren Burg hat eine bewegte Geschichte. Ursprünglich im Jahr 808 ein fränkisches Kastell, geriet es mal unter slawische, mal unter fränkische Herrschaft. Auf dem slawischen Burgwall wurde im 12. Jahrhundert die Burg errichtet, deren Besitzer im Laufe der Jahre wechselten – von Raubrittern über Erbpächter bis zu Privateigentümern. 1945 beherbergte sie ein Entbindungsheim, bis

1993 dann ein Heimatmuseum und Parteiveteranenheim. Die letzten Besitzer schenkten sie 1993 dem BUND mit der Auflage, daraus ein Umwelt- und Bildungszentrum zu entwickeln. Heute leitet Susanne Gerstner die gemeinnützige Arbeit mit den Projekten und der Bildungsarbeit. Hier wird gelernt und diskutiert, ob über Auenökologie und Klimaschutz, Umweltbildung oder Teamentwicklung. An ihrem Arbeitsplatz, im Park der Burg Lenzen, findet sich eine Auenlandschaft »im Kleinformat«. Hier soll das »Auenreich« entstehen mit interaktiven Stationen, die Besuchern die Artenvielfalt der Aue nahe bringen.

Die ruhige Löcknitz fließt in sanften Kurven durch den Park. »Keines unter all diesen Wässerchen ist vielleicht reizvoller und unbekannter zugleich als die Löcknitz«, schrieb Theodor Fontane bereits 1882 in seinen »Wanderungen durch die Mark Brandenburg«. Im romantischen, verwilderten und zugleich gepflegten Naturpoesiegarten um die Burg, von der Landschaftsarchitektin mitentwickelt, geht es auf den Spuren verschiedener Naturphilosophen durch die Jahrhunderte. Der Garten regt an zu einem Nachdenken über das Verhältnis zwischen Mensch und Natur.

Auf einer der Skulpturen steht: »Die Natur ist noch nicht Heimat, die Menschen sind noch nicht fertig« (Ernst Bloch).

Susanne Gerstner will die Menschen an die Natur heranführen. In europäischer Zusammenarbeit (ein Vorbild ist für sie die Flusswildnis Loire). Und vor Ort. Dafür arbeitet sie auch mit Schulklassen und Lehrenden zusammen, organisiert Kanutouren, Wanderungen und Radtouren. Sie will den Blick für das besondere Kleinod mit internationaler Bedeutung schärfen.

Das sei ein traumhafter Beruf, meint die dynamische Mittvierzigerin. Nicht nur wegen der grandiosen Natur, sondern weil Konzepte und Pläne entwickelt und realisiert werden, wie beispielsweise zur Deichrückverlegung. Die Forschung dazu begann bereits 1995. Sie konnte die spannendste Phase des Prozesses miterleben, vom ersten Spatenstich über lange Bauphasen bis zur Schlitzung des alten Deiches.

Sicher, sie wünsche sich manchmal, weniger Zeit mit Verwaltung, Mittelakquise und Management am Computer zu verbringen. Es sei aber kein Vergleich zu ihren früheren Arbeitsstellen in Planungsbüros, wo Pläne allzu oft in Schubläden verschwanden und wo wenig umgesetzt wurde. Hier kann sie mitgestalten. Und sie erklärt sachlich und leidenschaftlich die Deichrückverlegung in der Lenzener Elbtalaue.

Dem Fluss wurden 400 Hektar zurückgegeben, intakte Auenlebensräume wiederhergestellt, vor Hochwasser geschützt und ein harmonisches Miteinander von Mensch und Natur erreicht. Seit dem 12. Jahrhundert habe sich die Landschaft durch die Eindeichung und die landwirtschaftliche Nutzung stark verändert, nur 20 Prozent der Überschwemmungsgebiete seien geblieben. Doch diese seien unerlässlich für die Erhaltung der wertvollen Auwälder. Beim Hochwasser 2002 konnte der eingeengte, eingedämmte Fluss nur in die Höhe wachsen – es mündete fast in eine Katastrophe. Durch die inzwischen angelegten Deichschlitze kann die Elbe bei Hochwasser den neuen Überschwemmungsraum erobern, langsam Rinnen und Mulden füllen. Neugeschaffene Auenwildnis und Weidelandschaft sind der beste Hochwasserschutz, kommentiert sie, und auch touristische Attraktion.

Susanne Gerstner mag alle Jahreszeiten. Herbst sei die Zeit der Zugvögel. Nordische Gänse und dunkelbraun-graue, weißgestreifte Blässgänse rasten und überwintern hier. Außerdem gebe es inzwischen fast dreißig neue Brutvogelarten, darunter den kleinen braun-grau-gelben Schilfrohrsänger, der ab Oktober 4.000

Kilometer zu den Überwinterungsgebieten zurücklegt. Das extensive Grünland am Fluss bringe den Zugvögeln Nahrung. Am nicht mehr bewirtschafteten Biosphärenufer traben inzwischen Liebenthaler Wildlinge – halb wild gehaltene Falben mit Zebrastreifen am Bein. Für die Landschaftspflegerin ein Zeichen, dass sich der Mensch zurückhalten und nicht in die Natur eingreifen solle.

Im Winter bilden sich bei längerem Frost Eistörtchen, runde Eisschollen ziehen über den Fluss und knistern, abends und nachts erklingt der melancholische Ruf der Singschwäne.

Im Sommer sei es wunderbar mit den zahlreichen Weißstörchen und sogar die in Mitteleuropa höchst seltenen Schwarzstörche könne man im August für kurze Zeit beobachten. Dort zu baden und die Sandstrände in den Buhnenfeldern zu genießen sei herrlich.

Auf die Bemerkungen mancher Bekannten, »es sei doch langweilig, hier zu leben«, antwortet sie: »Die Natur gibt mir so viel, was kulturelle Angebote nicht ausgleichen können.«

Bei Meike Kleinwächter war es ein dunstiger, nebelverhangener Oktobermorgen, der in einen lichtblauen Tag überging. Sie suchte gerade ein Thema für ihre Diplomarbeit im Fach Zoologie. Und dieser Herbsttag 1996 nahm sie für die Aue ein. Die Weite hat es ihr angetan. »Die Elbe hat mich dort gefangen und seitdem nie mehr losgelassen.« Das Wasser begleitete bereits ihre Kindheit und Jugend, verbunden mit Schwimmen, Schnorcheln und Kajakfahren in verschiedenen Ländern.

Eigentlich wollte sie Verhaltensforscherin in Afrika werden. Mit diesem Ziel begann sie ihr Studium der Biologie mit Schwerpunkt Ökologie und Zoologie in Braunschweig. Doch dann entdeckte sie die Flüsse und Auen vor der Haustür. Ihre Diplomarbeit führte sie nach Pevestorf ins niedersächsische Wendland, da untersuchte sie, wie Spinnen mit den vielfältigen, zum Teil hochdynamischen Lebensbedingungen an der Mittleren Elbe zurechtkommen. Mit ihrer Dissertation begab sie sich schließlich in das Spannungsfeld, in dem sich die Elbe wie eigentlich alle großen Flüsse befindet –

einzigartige Flusslandschaft und zugleich Bundeswasserstraße zu sein. In einem Forschungsprojekt widmete sie sich den Auswirkungen unterschiedlicher Buhnen auf Laufkäfer in den Uferlebensräumen der Elbe. Die Kernaufgabe war, neue Buhnenformen zu untersuchen, die sowohl die Anforderungen der Schifffahrt erfüllen als auch naturnähere Uferstrukturen schaffen. »Wir brauchen neue Konzepte im Umgang mit unseren Flüssen – das fordern die nationalen und internationalen Richtlinien, die die Artenvielfalt und die ökologische Verbesserung im Blick haben, das fordert aber auch der Hochwasserschutz und damit die Sicherheit der Menschen.« Die Motivation, etwas für die ökologische Aufwertung an Bundeswasserstraßen zu tun, brachte sie schließlich an den Rhein. In der Bundesanstalt für Gewässerkunde in Koblenz setzte sie sich fünf Jahre lang in der Abteilung Ökologie für die tierökologischen Belange in Fluss und Aue ein. Neben der Elbe führten sie ihre Projekte auch an die Oder und die Weser. Mit den Akteuren am Fluss gemeinsam neue Ideen zu entwickeln und Experimente zu wagen, das sind Antrieb und Ziel in ihrer Arbeit.

»Die Elbe hat mich dort gefangen und seitdem nie mehr losgelassen.«

Zwanzig Jahre verbringt sie nun schon an Flüssen. 2014 kam sie an die Elbe zurück, erst als Dezernentin im Biosphärenreservat Niedersächsische Elbtalaue, dann als Projektleiterin im Europäischen Zentrum für Auenökologie auf Burg Lenzen. Die Burg ist für sie ein besonderer Ort mit einer ganz eigenen Atmosphäre – Naturidyll, Umweltbildung, Kulturevents, Kulinarisches aus der Region und Auenschutz bilden ein harmonisches Ganzes. Und im BUND-Auenzentrum verbinden sich Öffentlichkeitsarbeit zu Flussauen mit Puppentheater für die Kleinsten bis zu GPS-Touren für Fahrradenthusiasten in idealer Weise mit speziellen Forschungsfragen. »Wenn ich mit meinen Projekten in den Auen unterwegs bin, fühle ich mich privilegiert, weil diese schöne Landschaft mein Arbeitsplatz ist.« Aktuell ist Meike Klein-

wächter für den Erhalt des einzigartigen Auwalds, die Hohe Garbe, zuständig, den die Elbe in einem großen Bogen umfließt. Das bedeutet, zuerst die vorhandenen Arten und Biotope zu erfassen, zu bewerten und Gefährdungsursachen zu ermitteln. Daraus ergibt sich dann, was konkret zum Schutz und zur Entwicklung notwendig ist. »Es gibt nur noch sehr wenige naturnahe Auen an unseren Flüssen. Die letzten intakten Auen zu schützen und den Menschen hierbei mitzunehmen, das ist spannend.« Deswegen sucht sie bei der Planung der Renaturierungsmaßnahmen das Gespräch mit Anwohnerinnen und Anwohnern und den Akteuren vor Ort.

Die Hohe Garbe ist mit ihren Eichen, Ulmen, Eschen, Silberweiden und Schwarzpappeln ein ganz besonderer Ort. Auch für Meike Kleinwächter: Während ihrer Diplomarbeit sah sie hier ihre erste Flatterulme – und ihren ersten Schwarzstorch. Der Erhalt dieses einzigartigen Hartholzwaldes liegt ihr daher besonders am Herzen. Ein alter Sommerdeich, der nicht mehr relevant für den Hochwasserschutz ist, trennt die Hohe Garbe von der natürlichen Abflussdynamik des Stroms ab. So gelangt das Wasser nur verzögert in den Auwald, ist es jedoch erst einmal da, kann es kaum noch abfließen. »Die Eichen bekommen zu lange nasse Füße.« In dem Projekt »Lebendige Auen für die Elbe« soll daher der Deich an geeigneten Stellen geschlitzt werden, damit die Elbe ungehindert ein- und wieder ausströmen kann. Im Fall von Hochwasser erweisen die Auwälder den Menschen einen wertvollen Dienst. Sie halten das Wasser zurück und bremsen so dessen Kraft. Aber dafür braucht der Fluss Raum. Raum, den ihm die Menschen freiwillig wieder zurückgeben müssen – für viele keine leichte Entscheidung. Viele Arten würden davon profitieren und in mancher Region auch wieder dauerhaft heimisch werden wie der scheue Schwarzstorch, der majestätische Seeadler oder der trompetende Kranich.

Der durchdringende Ruf der Kraniche ist für die Zoologin einer der prägendsten und schönsten Klänge der Elbtalaue. Kein Wunder, dass auch eine andere, sanfte Landschaft sie fasziniert: das Rambower Moor mit seinen bewaldeten Randhängen, wenige Kilometer von Burg Lenzen entfernt. Das ganze Jahr über sind Kraniche hier als Brut-, Rast- oder Zugvögel zu beobachten. Bei Dämmerung im Herbst, gegen 17 Uhr, fliegen Tausende von Kranichen zu ihrem Schlafplatz im Rambower Moor. Die Zoologin erklärt, dass Kraniche mit einer Geschwindigkeit von 50 bis 70 Stundenkilometern fliegen, locker auch mal 1500 Kilometer an einem Stück. Das Rambower Moor wurde 2014 zum »schönsten Naturwunder« in Deutschland auserkoren.

Am Rhein würde man viel Geschichte erleben, meint Kleinwächter, wenn man von Burg zu Burg wandere. Auch die Elbe sei eine Kulturlandschaft, doch es gebe bei dieser noch sehr viel ursprünglicheres Natur(er)leben. Und das sei etwas ganz Besonderes in Deutschland.

Carinne Bertola

Museologin, Nyon
Lac Léman/Genfersee

»Es ist aufregend, an einem See zu leben«, sagt die passionierte Museologin. Und was für einer! Ein einmaliger See, schwärmt die dynamische Frau, deren Musée du Léman nur durch die Seestraße vom »kleinen Meer der Alpen« getrennt ist. Er sei kein alter See wie der Baikal oder die afrikanischen Seen, sondern kaum älter als 15.000 Jahre. Er beherberge viel weniger endemische Arten und sei nicht besonders tief. Aber dieser See sei ein kulturell alter See, so Carinne Bertola, am Kreuzweg der Zivilisationen von Nord und Süd, mitten in Europa. Ein faszinierender See, der nach neuesten Erkenntnissen zwei Jahrhunderte lang ein Binnenmeer war - Léman heißt großes Wasser auf Keltisch.

Das Städtchen Nyon am Seeufer, in dem die Museologin lebt und arbeitet, hat keltische und römische Wurzeln und ein prächtiges mittelalterliches Schloss. Am See, der Frankreich mit der Schweiz und die Alpen mit dem Jura verbindet, werden vielfältige Tätigkeiten ausgeübt, erzählt sie. Bis 1974 habe es hier sogar »Perlenfrauen« gegeben, die künstliche Perlen aus Fischschuppen erstellt haben. Der Waschplatz am Brunnen erinnert an die Waschfrauen von einst. Die Fischerei gibt es noch immer. In den bunten Fischerhütten am Ufer werden frische Fera und Barsche angeboten. Die Boote tragen entscheidend zum Ruhm des Sees bei. Als erstes europäisches Schiff gewann die Schweizer Alinghi-Yacht den renommierten America Cup 2003 und danach wieder 2007. Die CGN-Flotte mit ihren fünf Belle-Epoque-Raddampfern sei eine der schönsten der Welt und heute Kulturdenkmal, meint die Dame du lac. Den Forschern Auguste und Jacques Piccard verdankt man die Erfindung und den Bau von U-Booten für die Tiefseeforschung und für touristische Zwecke. Der aus Deutschland stammende Schweizer Uhrmacher und Silberschmied Johann Jacob Schweppe entwickelte 1783 das kohlensäurehaltige Mineralwasser Schweppes in Genf.

Der See hat zudem Filmregisseure fasziniert und Stars wie Charlie Chaplin, Yul Brynner, Richard Burton, Audrey Hepburn, Jean-Luc Godard angezogen … Und er inspirierte Künstler wie den Berner Maler Ferdinand Hodler, Schriftsteller wie Lord Byron und Jean-Jacques Rousseau. Die britische Romanschriftstellerin und Essayistin Mary Wollstonecraft Shelley ließ ihren Helden Frankenstein sagen: »Geliebte Bergwelt! O du mein herrlicher See! … Die Gipfel erstrahlen in Klarheit, und die Bläue von Himmel und Wassern spannt sich ungetrübt vor meinen Blicken.«

Carinne Bertola wuchs in der Nähe von Nyon auf dem Lande auf, in La Rippe, zwischen dem Jura-Gebirge und dem Lac Léman. In ihrer Bauernfamilie gab es keine besonderen Affinitäten zum Wasser. Als Kind war sie hingerissen von Tümpeln und Sümpfen, von Bächen und Brackwasser. Im Boiron – was auf Altfranzösisch so viel heißt wie Wassergraben –, einem Bach, der nahe Nyon in den Genfersee mündet, schaute sie begeistert nach Forellen und Krebsen. Im Badesee von Divonne-les-Bains lernte sie schwimmen. Nach einem Studium der Soziologie in Genf schloss sie ihre Dissertation in Museumskunde mit dem Schwerpunkt Wissen-

schaft und Technik im Musée national d'Histoire naturelle in Paris ab. Danach war sie 23 Jahre lang Konservatorin des Musée du Léman, eines Museums, in dem das Verhältnis zwischen Mensch und Natur erforscht wird und welches sie zu einem »lebendigen Ort« entwickelt hat. »In einem Schloss hätte ich nicht arbeiten können«, fügt sie hinzu.

Durch ihre Arbeit begegnete sie wunderbaren Menschen und ganzen Familien von Wissenschaftlern, wie beispielsweise der Familie Forel. Bertola selbst forschte über François-Alphonse Forel, den Begründer der Limnologie, der Wissenschaft von den Binnengewässern als Ökosysteme. Und sie arbeitete mit dessen Enkelin, Jacqueline Porret-Forel, zusammen, der Ärztin von Aloïse, einer der bedeutendsten Künstlerinnen der Art brut.

Sie habe auch das Glück gehabt, die Familie Piccard kennenzulernen, eine weitere Gelehrtendynastie. Der Schweizer Physiker Auguste Piccard erfand den Stratosphären-Ballon, mit dem er 1931 den ersten Höhenrekord aufstellte, und

»Ich arbeite mit Fischern, Seefahrern, Wissenschaftlern und vielen Menschen vom See. Der Léman ist ein sehr lebendiger See.«

entwickelte Ende der 40er Jahre den Bathyscaphen, ein Tiefsee-U-Boot. Dessen Sohn Jacques Piccard, Ozeanograph und Pionier der Tiefseeforschung, baute den ersten Mesoscaphen, ein Unterseeboot im mittleren Tiefenbereich, das er »Auguste Piccard« nannte. Beide haben den Léman von Grund auf erkundet. 1964 fuhren mit diesem größten touristischen Tauchboot der Welt etwa 33.000 Passagiere auf den Grund des Genfersees hinab. Die letzte Expedition im See fand mit dem kleinen russischen U-Boot Mir statt, Carinne Bartola war voller Begeisterung dabei. Jacques Piccards Sohn Bertrand wiederum, ein Psychiater, Wissenschaftler und Aeronaut aus Lausanne, umkreiste 1999 als erster die Erde im Ballon ohne Zwischenlandung. Mit seinem Kollegen André Boschberg zusammen flog er von 2015 bis 2016 erstmals in einem Solarflugzeug rund um die Welt. Die Museologin sorgte dafür, dass alles im Musée du Léman in Nyon dokumentiert wird.

Carinne Bertola, die gerne segelt und rudert, arbeitete außerdem mit Françoise Copponex zusammen, um die Archive des berühmten Ingenieurs und olympischen Seglers Henri Copponex zu sichern. Dieser ingenieur entwarf Tausende Zeichnungen – rund 430 elegante Segelboote wurden nach seinen Plänen gebaut.

Was sie in ihrem Beruf am meisten mag, ist der direkte Kontakt zu den Anwohnern des Sees, zu den Fischern, Anglern, Seglern, Ornithologen, Rettungsleuten ebenso wie zu den Wissenschaftlern und den Mitgliedern der unzähligen Vereine. Beim Organisieren von Ausstellungen versteht sie sich als deren Interpretin: »Als Ethnologin höre ich zuallererst Menschen vor Ort zu. Ich bin nicht da, um sie zu belehren und meine eigenen Überzeugungen zu bestätigen. Ich interessiere mich für das, was sie interessiert.« Man müsse dabei flexibel sein. Das passt ihr wiederum. Carinne Bertola ist neugierig, liebt das Reisen und Entdeckungstouren um den größten See Westeuropas. Die Patin von fünf Booten – eine Ehre und Anerkennung in einem sehr männlich dominierten Bereich –, mischt zudem in unzähligen Gremien mit. Sie pflegt internationalen Austausch, etwa mit der Gründerin des See Biwa-Museums in Japan Yukiko Kasa, oder mit Forschern der maritimen Kultur in der Bretagne.

»Le Lac« sei ein vielseitiges, endloses Thema, erklärt die Museologin: »Ich habe mich während der 23 Jahre nie gelangweilt. Es passiert immer Neues am Ufer des Léman.«

All diese Aspekte finden sich im See-Museum wieder, einst Hospiz und Krankenstation der Stadt, heute das einzige Museum, das Kultur und Natur fachübergreifend vorstellt. Es versammelt insgesamt 100.000 Dokumente und 10.000 Objekte und bietet einen Überblick über die reiche mit dem Süßwasser verbundene Kultur.

Ziel des Museums ist es auch, das Ökosystem des Léman zu bewahren, den See zu schützen und für die Gefährdungen, denen das Seewasser ausgesetzt ist, zu sensibilisieren. Die Belastung durch Mikroschadstoffe sei besorgniserregend, sagt die Museologin, »da kann man gegenüber bestimmten Praktiken nicht mehr neutral sein«. Die Auswirkungen lassen sich in der Nahrungskette feststellen und können die Gesundheit der Menschen direkt treffen.

Carinne Bertola ist heute eine der Leiterinnen des Projekts zur Erweiterung des Museums. Ein gewagtes Vorhaben, das Auguste Piccards Worte treffend kennzeichnen: »eine Vision in die Realität umzusetzen«. Ihr schwebt ein Museum für die nächsten Generationen vor, in dem das Spielerische und das Interaktive eine größere

Bedeutung einnehmen, mit Restaurant und Konferenzräumen. Nach der für 2018-2020 geplanten Erweiterung könnte das Museum eine einzigartige Sammlung von Schiffen und größeren Aquarien zeigen und auch Sonderausstellungen präsentieren. Dafür unterstütze sie bereits Daniel Rosselat, Bürgermeister von Nyon und Gründer und Leiter des berühmten Paléo Festival Nyon, eines der größten Freiluftfestivals.

Ihre neue Herausforderung heißt zurzeit, Sponsoren zu finden, um die Verwirklichung des Projekts zu unterstützen.

Und die Rente? Die energische und vielseitige Wissenschaftlerin wird sich wahrscheinlich wieder der Forschung widmen, Archive auswerten (beispielsweise die Briefe von François-Alphonse Forel) und Artikel schreiben. Und sie wird ihren geliebten Léman noch mehr genießen. Denn »er ist wirklich einer der Top Ten.«

Giorgia Boscolo

Gondoliera, Venedig
Canal Grande

San Tomà am Canal Grande. An der Traghetti-Anlegestelle im Sestiere de San Polo tauscht die junge Frau mit schwarzem Pferdeschwanz die rote Lederjacke gegen einen blau-weiß gestreiften Matrosenpullover. Schwarze Hose und schwarze Schuhe sind ebenfalls vorgeschrieben. Sie steigt auf die schwarze schaukelnde Gondel, entfernt die blaue Plane und bereitet das Boot vor – roter Teppich und samtschwarze Sitze werden zurechtgelegt. Sie nimmt die Ringe von den Fingern, ein Stück Ruderholz könnte daran hängenbleiben und sie verletzen. Nun steuert sie mit Eleganz und Leichtigkeit durch das Centro storico, vorbei an den gelben, roten und weißen Adelspalästen. Dort haben Berühmtheiten übernachtet, gemalt, geschrieben und komponiert – ob Lord Byron, William Turner oder Richard Wagner, ob Eleonora Duse, George Sand oder Donna Leon. Giorgia Boscolo zeigt auf das Sieben-Sterne-

»Ich wollte Gondoliera werden. Ich bin zum Rudern geboren.«

Hotel Aman Canal Grande, den 450 Jahre alten ehemaligen Palazzo Papadopoli, wo sich Georges Clooney und Amal Alamuddin 2014 das Jawort gegeben haben. Die Lenkerin erklärt die Gondola, zehn Meter lang, anderthalb Meter breit. Ohne Gäste wiege diese stolze 270 Kilo. Die goldenen Pferde auf der rechten und linken Seite in der Mitte der schmucken Gondel seien nicht nur zur Verzierung da, sondern eine wichtige Hilfe beim Manövrieren. Und der zwanzig Kilo schwere Ferro, der den Bug schmückt, trage zur Stabilisierung der Gondel bei: ein silberglänzendes Eisen mit sieben waagrechten Zacken – diese verweisen auf die Insel Giudecca und die sechs Stadtteile Venedigs, die Sestieri.

Giorgia Boscolo führt die schlanke, gebogene Gondel vom Heck aus durch den an manchen Stellen neun Meter tiefen Canal Grande; in den kleineren Kanälen muss sie sich unter den Brücken bücken.

Ob sie schon ins Wasser gefallen sei? Ihr Vater, der Gondoliere Dante, der selber mehrmals im kalten Nass gelandet sei und sich dabei auch Knochen gebrochen habe, hatte es ihr prophezeit, »früher oder später«. Sie sei bisher aber erst ein einziges Mal über Bord gestürzt – vor zwei Monaten: »Es regnete, alles war rutschig, ich befürchtete, auf die scharfe Kante des Bootes zu stoßen und ließ mich lieber ins Wasser fallen.«

Auf dem Canal Grande staunen Touristen über die Frau am Ruder, grüßen Kollegen die Gondoliera. Dies ist alles andere als eine Selbstverständlichkeit.

Denn seit im 11. Jahrhundert die ersten Gondeln die Wasserstadt eroberten – im 16. Jahrhundert gab es gar zehntausend Gondolieri – war es ein reiner Männerberuf. Bis 1.000 Jahre später, im Jahr 2010, die damals 24-Jährige als erste Frau die Eingangsprüfung bestand. Seit 2010 ist sie nun die erste und immer noch einzige Gondoliera in der Zunft von mehr als 400 Gondolieren. Sieben Frauen hätten sich zwar 2015 beworben und die Prüfung absolviert, jedoch ohne Erfolg.

Auf Giorgia Boscolos Lizenz steht *Il* gondoliere (*Der* Gondoliere). La Donna Gondoliere darf bei der Arbeit keine andere Kleidung als die für Männer vorgeschriebene tragen: »Das Outfit ist männlich.« Der Beruf sei auf Männer zugeschnitten. Es gäbe auch keinen Mutterschutz, dafür aber Vorbehalte. Selbst Vater Dante, der Giorgias Kunst, Talent und Erfahrung voll anerkennt, sagt: »Gondoliere ist ein Männerberuf.«

Heute ist eine Lizenz für kommerzielle Gondelführer erforderlich – allerdings nicht für die Führung einer Privatgondel, beispielsweise einer hoteleigenen. Wer zusätzlich eine Lizenz für eine eigene Gondel haben will, muss warten, bis wieder eine solche frei wird, das heißt vererbt oder verkauft wird. Mindestens 70.000 Euro kostet die begehrte Lizenz.

Manchmal wundert sich Giorgia Boscolo über die Skepsis gegenüber einer Gondoliera: »Das ist doch ein Beruf wie jeder andere.« Sicher sei es anstrengend und abends wäre sie ganz schön müde, da Arme, Beine, Schulter und Knie bei der Arbeit stark beansprucht werden. Aber Kinder zu gebären und aufzuziehen wäre viel anstrengender, so die dreifache Mutter: »Muttersein ist ein schwieriger Beruf.« Und wenn man das könne, könnte man alles bewältigen, ob als Gondoliera oder als Fabrikarbeiterin.

Hartnäckigkeit und Ausdauer bräuchte man allerdings schon. »Testa dura« wird sie genannt. Sie bestätigt: »Ich habe einen sehr starken Charakter, das sagen auch mein Mann und meine drei Schwestern. Aber wenn du etwas wirklich willst, dann kriegst du es hin.«

Sie hat es geschafft, nicht zuletzt dank ihres starken Willens und ihrer Testa dura.

Als sie das erste Mal das Ruder in der Hand hielt, war sie sieben Jahre alt. Vater Dante führte sie in die Kunst des Manövrierens ein. Da stand für sie fest: »Ich will Gondoliera werden. Und ich werde es auch.« Schon als Kind begleitete sie viel lieber ihren Vater auf dem Wasser, als mit Freundinnen oder Puppen zu spielen, anders als ihre drei Schwestern. Einen Bruder, dem der Vater die Tradition ebenfalls vererbt hätte, gab es nicht. Sie aber war verrückt nach den Gondolas und ihr wurde klar: »Ich bin zum Rudern geboren.«

Heute ist es ihr Beruf, und den liebt sie. Sie mag das Draußensein und die Menschen. Sie arbeitet als Freiberuflerin drei bis vier Tage die Woche, in der Hochsaison manchmal von 9 bis 23 Uhr. Am liebsten fährt sie im Sommer während der

Hitze, da ist das Wasser ruhiger, wie Öl auf der Lagune, und es ist leicht, die Gondel zu lenken. Im Winter, bei Hochwasser, ist es anstrengend, und man darf nicht in den kleinen Kanälen fahren.

Ein Problem seien die 15-stöckigen, bis zu dreihundert Meter langen Kreuzfahrtschiffe, die täglich mit Tausenden Touristen durch den Canal della Giudecca ziehen. Die schwimmenden Monster – die Krimiautorin Donna Leon nennt sie »Höllenschiffe« – verpesten die Luft mit ihren Abgasen und die Vibrationen erschüttern die Fundamente. Giorgia Boscolo schließt sich allerdings nicht der Bewegung gegen die Kreuzfahrtschiffe an. Sie meint, die kleinen Boote würden genauso viel Wirbel und Vibrationen verursachen. Am liebsten würde sie alle Motorschiffe, groß oder klein, aus der Wasserstadt verbannen und nur die stillen Gondoln zulassen, um die Serenissima – die Erlauchteste – zu retten.

Giorgia liebt das Wasser und ihre Stadt mit den 118 Inseln: »Ich möchte aus Venedig nie wegziehen, das ist eine einzigartige Stadt, ohne die üblichen Verkehrsmittel.« Für Kinder sei sie sehr sicher, alles spiele sich dort ab, die Schule oder der Fußball, ihr Vater wohne auch im Zentrum. Vom industriell geprägten Stadtteil Marghera aus, in dem sie mit ihrem Mann und den drei Jungs wohnt, ist ihre Anlegestelle San Tomà nur einen Katzensprung entfernt – fünf Minuten mit dem Bus.

Auch in ihrer Familie spiele das Wasser eine Hauptrolle. Ihr Mann, ein Lebensmitteleinzelhändler, der ebenfalls aus einer Familie von Gondolieren stammt und den sie bereits mit zwölf Jahren kennenlernte, würde gerne selber Gondola fahren. Wegen der kleinen Kinder sei es aber schwierig. Aber vielleicht wird einer der Söhne auch einmal Gondoliere?

Im Sommer bleibt die Lieblingsbeschäftigung der Familie das Schwimmen – da fährt sie mit dem eigenen kleinen Boot zur Lagune und genießt das Wasser, das jetzt den Geschmack von Ferien bekommt.

Katerina Koritsa

Betreiberin einer Wassermühle
Aidonichori, Epirus
Aóos-Fluss

Am Anfang ihrer Liebe war das Wasser. »Das Wasser als Quelle der Liebe«, sagt sie strahlend. Sie lebte damals in Albanien, direkt an der Grenze zum griechischen Epirus, zusammen mit ihrem ersten Mann und ihren zwei Töchtern. Der Andere lebte seit der Trennung von seiner Frau allein in Ioannina. Als die Grenze zwischen Albanien und Griechenland zu Beginn der 90er Jahre geöffnet wurde, fanden die während des Krieges und des Bürgerkriegs getrennten Familien aus den Grenzdörfern wieder zusammen. Es wurde gefeiert, im Reigen getanzt. Er sah sie. Und sie sah ihn. Sie tanzten nebeneinander. Dann war sie plötzlich verschwunden, schließlich war sie verheiratet. Irgendwann später wohnten sie in Ioannina einander praktisch gegenüber. Ihre Kinder waren befreundet. Aber sie sahen sich nicht, zu unterschiedlich

»Das Wasser ist eine Quelle der Lebens und der Liebe.«

waren die Tagesabläufe. Eines Tages ging sie mit einer Freundin zur Wassermühle, um ihren Flokati abzuholen. Und sagte halb scherzend zu ihm, der dort arbeitete: »Mein Lieblingsteppich ist beschädigt, du hast nicht aufgepasst.« Daraufhin fuhr er mit ihr nach Ioannina und schenkte ihr einen Teppich, seine Liebe und das gemeinsame Leben im Haus an der Wassermühle.

Heute betreiben Katerina Koritsa und ihr Partner Panagiotis die Wassermühle von Bouzarani gemeinsam. Nahe am Aóos-Fluss, der in Albanien entspringt und in die Adria mündet. Ein Fluss, der sich durch tiefe grüne Schluchten windet, mit alten osmanischen Steinbrücken, mitten im Pindos-Gebirge. Auch ihre Wassermühle liegt unweit einer Brücke, der Bourazani-Brücke, am Rande des eigentlichen Dorfs Aidonichori, dem Dorf der Schwalben. Am offenen Eingang des Gartens steht auf einem Schild geschrieben: Mana tou nerou – Mutter des Wassers, Gottheit des Wassers. »Der Fluss Aóos ist Quelle von Energie, Kraft, Produktion und Schönheit.«

Empfangen werden die Besucher/innen von Katerina, an diesem Frühlingstag umgeben von krähenden Hühnern, die sie gerade füttert, von Schafen und Hunden. Auf der blühenden Wiese ragen Pflöcke hervor, über die Wäsche und Teppiche zum Trocknen gehängt werden. Am Feigenbaum vor dem Haus stehen zwei große Holzbottiche mit wild strudelndem Wasser, jeweils zwei Meter tief. Das umgeleitete Gebirgswasser aus der 300 Meter entfernten Quelle stürzt in die Holzbecken hinab. Dort werden Decken und Teppiche allein durch den Wasserdruck gereinigt, traditionell und ohne chemische Mittel. Im Bottich können ein Dutzend Teppiche gleichzeitig gewaschen werden, rund hundert Kilo. »Wenn die Wäsche auf der Wiese trocknet, duftet sie«, sagt Katerina, die gerade einen handgewebten, nassschweren Flokati mit einer Holzstange aus dem Becken fischt. Anschließend wird die Wäsche hier zwischen großen Holzhämmern gemangelt.

Diese Art Wassermühle vom Ende des 19. Jahrhunderts ist einzigartig in Griechenland. Panagiotis hat sie 1997 von seiner Familie übernommen, in der dritten Generation. Menschen kommen aus der ganzen Region und den Bergen hierher, um ihre Flokatis zu reinigen. Und Katerina freut sich über den Besuch von Menschen aus anderen Ländern. Im Sommer ist es viel Arbeit, sagt sie. Da steht sie morgens ab sechs, manchmal gar ab vier Uhr früh am Bottich, bis es dunkel wird. Aber

sie mag die Arbeit mit dem Wasser: »Es ist schön, ich komme kaum ins Schwitzen, denn das Wasser kühlt mich ab. Wenn ich aufstehe und das frische Wasser sehe und höre, da bin ich einfach froh und glücklich.«

Im Haus selbst führt eine kleine Tür zum Keller und zum Mühlenrad. Die Wassermühle von Bouzarani ist die einzige noch funktionierende multifunktionale im Epirus. Im Sommer wird hier Getreide und Mais gemahlen, ebenfalls ohne Strom, 300 bis 400 Kilo am Tag. Leute kommen vom Dorf Aidonichori und bringen das Getreide zur Mühle. Das Maismehl wird unter anderem für Pitas verwendet – die beliebten dicken weichen Fladenbrote. Zusätzlich zu ihrer Arbeit in der Mühle hilft Katerina beim Pita-Backen im nahe gelegenen Restaurant, wo sie auch als Dekorateurin arbeitet. Im ersten Stock des Müllerhauses zeigt eine Ausstellung Bilder von anderen Wassermühlen.

Am Tisch wird über die Vergangenheit gesprochen, bei einem griechischen Kaffee metrio – dem traditionellen Mokka mit Kaffeesatz und mit einem Löffel Zucker. Es werden rote Ostereier angeboten. Katze Mowgli hört zu.

Katerina erzählt von der Vergangenheit, von ihren Wurzeln, zu denen sie zurückgekehrt ist – die Mutter stammte aus Ioannina, der Stadt am Pamvodita-See mit der Zagori-Mineralwasserfabrik, der Vater aus dem Thermalstädtchen Konitsa am Aóos-Fluss. Und sie erzählt die tragische Geschichte der Region und der Zagori-Dörfer auf der anderen Seite der Berge. Vom Krieg in den 40er Jahren, der die Mutter auf ihrer Flucht nach Albanien trieb und so manche Familie trennte. Sie erinnert sich an ihre Mutter, die oft am Grenzzaun stand und weinte. Es wurden furchtbare Verbrechen begangen. Aidonichori, das erste griechische Dorf hinter der albanischen Grenze, wurde erst von italienischen Faschisten geplündert, danach von Nazi-Gebirgsjägern überfallen. Viele der 500 Einwohner konnten in die Berge flüchten. 22 wurden ermordet, darunter zehn Frauen, die zuvor vergewaltigt worden waren; das Dorf wurde in Brand gesteckt. Nur die Kirche blieb übrig. Der Ort wurde inzwischen von der griechischen Regierung als Märtyrerdorf anerkannt, von deutscher Seite gab es keine Entschuldigung, geschweige denn eine Entschädigung. Panagiotis' Gesichtsausdruck wird düster, er will nicht darüber sprechen. »Es gab viele Opfer«, sagt Katerinas Mann, »es ist eine alte Geschichte, die nicht in die heutige Zeit gehört.« Er will lieber die Wasserquelle im Wald oberhalb der Mühle zeigen: ein kleiner runder grüner Teich mit hohen Gräsern am Ufer, umgeben von Schlingpflanzen, Buchen und Platanen. In der Mitte strudelt und brodelt es. »Von dieser Quelle kommt alles«, sagt Katerina, das Wasser bringe Leben und Sauerstoff. Felder werden damit bewässert, Tiere kommen hierher zum Trinken, Kinder zum Baden. Aale gibt es auch. Und die Quelle nährt die Wassermühle.

Laut einer Legende sprudelte auf der Hochebene von Aidonichori eines Tages Wasser hervor. Die Bewohner erschraken sehr und versuchten mit Erde, Kleidern und allem, was ihnen in die Hände fiel, das Loch zu stopfen. Das gelang auch. Daraufhin trat die Quelle erneut aus, mehrere hundert Meter unterhalb des Dorfes. In der Nähe der heutigen Wassermühle und des Paradieses von Katerina und Panagiotis.

Joline Snel

Stadtplanerin, Den Haag
Boomsluiterskade

Die schlimme Jahrhundertflut haben sie und ihre Eltern nur vom Hörensagen «erlebt«: Im Februar 1953 brachen die Deiche in Zeeland, Zuidholland und Noord-Brabant. Mehr als 1800 Menschen ertranken, 72.000 wurden evakuiert, 200.000 Hektar Kulturland standen unter Wasser. Aber an die Überschwemmungen von 1993 im Süden der Niederlande – wo erneut Menschen evakuiert und Deiche befestigt wurden – und an die eigenen Ängste erinnert sie sich. Da war sie gerade acht Jahre alt. Das prägt. Sie lernte, dass Wasser nicht nur ein wundervolles Element ist, sondern auch Gefahr und Tod bringen kann.

Aufgewachsen ist Joline Snel in der Stadt Zaandam nördlich von Amsterdam. Die Kindheit war geprägt von der grünen Polderlandschaft mit ihren vielen Mühlen, Deichen und Grachten, und natürlich vom Wasser. »Wahrscheinlich hat mich die Faszination für diese Landschaft bei meiner beruflichen Entwicklung beeinflusst.«

Wenn es regnet, fließt das Wasser in die Gräben und von dort in die größeren Kanäle, die »boezemriver«. Es ist eine natürliche und zugleich seit Jahrhunderten vom Menschen geformte Landschaft.

Heute wohnt sie in der Hauptstadt Den Haag an einer Gracht, dem Boomsluiterskade. Von ihrem Fenster aus blickt sie auf das glitzernde Wasser.

Ursprünglich wollte sie Harfenistin werden – zwischen dem 13. und 16. Lebensjahr studierte sie Musik am Konservatorium in Amsterdam. Später entschied sie sich jedoch dagegen, Berufsmusikerin zu werden, auch wenn sie heute noch gerne die Finger über die Saiten ihrer Harfe gleiten lässt. Zwischendurch arbeitete sie auch als Model und begann dann ein Studium der Architektur in Delft. Sie stellte sich zunächst vor, künftig Häuser zu bauen und kreativ zu arbeiten, wurde dann mit Stadtplanung konfrontiert und interessierte sich für die Mitgestaltung der Landschaft. In den Niederlanden bedeutet das auch, sich mit dem Wassersystem und dem Wassermanagement auseinanderzusetzen: »Ich musste zunächst lernen, wie Deiche, Dämme, Wassergräben und Abwasserkanäle zusammenspielen und mehr über die Geschichte des Wassers in den Niederlanden erfahren. Denn in der Zukunft spiegelt sich auch die Vergangenheit.« Sie zitiert den beliebten Spruch: »Gott erschuf die

Welt und die Niederländer ihr eigenes Land.« Im 18. und 19. Jahrhundert habe es viele Cholerafälle und Tote gegeben, weil das Wasser eingeschlossen war und Abwasser nicht abfließen konnte. Nach 1945 gab es wieder Probleme beim Ableiten des Wassers. Nach den Bombardements und der Zerstörung von Rotterdam waren die Wasserläufe mit Trümmern und Schutt gefüllt.

Der Westen der Niederlande würde heute ohne das ausgeklügelte System von Deichen, Dämmen und Schleusen nicht existieren, erklärt die Stadtplanerin. Ein Drittel des Landes liegt unter dem Meeresspiegel, die Hälfte ist hochwassergefährdet. Das Wasser kommt als Regen vom Himmel, als Sturmflut vom Meer, als Hochwasser von den Flüssen und auch der Grundwasserspiegel kann steigen. Wie sich die Stadtzentren angesichts von Klimawandel und steigendem Meeresspiegel künftig entwickeln sollen, war auch das Thema ihrer Masterarbeit. Heute arbeitet sie als politische Entscheidungsträgerin im Ministerium für Infrastruktur und Umwelt in Den Haag – das »Ministerie« entstand 2010 aus der Zusammenlegung des Umwelt-, Planungs- und Wohnbauministeriums mit dem Verkehrs- und Wasserwirtschaftsministerium – und war am nationalen »Delta«-Umweltprogramm zur Anpassung an den Klimawandel mitbeteiligt. Dieser Plan für Hochwasserschutz ist nach dem Flussdelta im Mündungsgebiet von Rhein, Maas, Schelde und Vechte benannt.

Zurzeit erleben die Niederlande kürzere, dafür aber umso heftigere Regenfälle. Ein Versickern des Regenwassers ist kaum möglich, weshalb das Regenwasser vorübergehend gespeichert und später abtransportiert werden soll. Mit dem »Water-

square« in Rotterdam sei eine originelle Lösung für ein nachhaltiges Regenwassermanagement gefunden worden, meint Joline Snel. Dort liegt der öffentliche Platz Benthemplein etwas niedriger als die ihn umgebenden Hochhäuser. Früher waren die Straßen bei kräftigem Regen überflutet. Dann wurden für den Platz drei Wasserbecken in verschiedenen Blautönen entworfen. So entstand 2013 der erste Wasserplatz der Niederlande, mit Edelstahlrinnen und schmalen Lichtbändern. Bei Regen füllen sich die Bassins – bis zu 1,7 Millionen Liter Wasser können so aufgefangen werden, bevor sie ins Grundwasser abfließen oder in den nahen Noordsingel-Kanal gepumpt werden. Im trockenen Zustand dienen die Rückhaltebecken Freizeitaktivitäten: Im kleinen Becken gibt es eine Insel als Bühne für Aufführungen, im mittleren kann auf den schrägen Wänden geskatet und im größten Becken, das außerdem über eine Art Amphitheater verfügt, kann Fußball und Basketball gespielt werden. »Waterpleinen« machen auch den Klimawandel sichtbar und schaffen ein Bewusstsein für die Veränderungen. »Eine kluge Lösung des Wasserproblems«, kommentiert die Stadtplanerin.

Der Klimawandel erfordere ein Umdenken und einen Politikwechsel: »Wir haben jahrhundertelang gegen das Meerwasser gekämpft und immer höher eingedeicht.« Die Schutzdeiche sind bereits gegen Wasserstände auf 1.250 Jahre angelegt – in Deutschland im Vergleich dazu lediglich auf 200 Jahre – und können eine Jahrtausendflut aushalten. Mit dem Klimawandel sinken die Niederlande, steigen Flüsse und Meer. Es sei nicht möglich, die Deiche immer höher zu bauen. Also heißt es heute, »das Wasser zu umarmen«.

Es gebe neun potentielle Schwachstellen an der Küste. Nun werden Dünen und Sandbänke statt Deiche angelegt. Vor der Küste südlich von Den Haag breitet sich

»Wasser gehört zur Identität der Städte.«

inzwischen eine solche Sandbank aus und erfreut Wind- und Kitesurfer. Die beliebten natürlichen Meijendel-Dünen nahe der Hauptstadt, ein Paradies für Wanderer/innen und Radfahrer/innen, dienen ebenfalls dem Küstenschutz und der Trinkwassergewinnung.

In Bezug auf die Flüsse hat ein Umdenken eingesetzt, sagt Joline Snel. Bisher wurde das Wasser durch enge Kanäle geleitet. Heute wird den Flüssen mehr Raum gegeben, zurzeit an 50 Stellen. Das interessanteste Beispiel sei vielleicht Nijmegen im Osten des Landes, wo die Stadt direkt am Ufer der Waal, einem der großen Mündungsarme des Rheins in die Nordsee, liegt. »Die Niederländer/innen sind stolz auf ihre Wasserstädte und wollen dort keinen Deich. Also wurde an einer Engstelle der Waal ein Bypass gelegt, die Stadt wird umarmt und der Fluss hat mehr Raum.«

Es geht um die Anpassung der Städte an die Folgen des Klimawandels, mit technischer Infrastruktur. Die Regierung beschließt die Programme, die Regionen setzen sie um, zusammen mit den Städtegemeinschaften vor Ort und den »Waterschappen« (Wasserschaften) – einer alten Institution. Die selbstverwalteten Deichverbände kümmern sich um Deiche und Dämme wie auch ums Ab- und Trinkwasser unter Berücksichtigung der Umweltinteressen.

An der Westküste wüssten die Menschen zwar, dass sie unter dem Meeresspiegelniveau lebten, da aber das Wassersystem gut unter Kontrolle sei, so Joline Snel, vergäßen sie es. »Für uns sind Polder und Kanäle völlig normal. Wasser bedeutet für uns Freizeit oder Gütertransport. Die Bedrohung sehen wir nicht mehr.« Durch ihre Tätigkeit ist sie sich der Überschwemmungsgefahr jedoch sehr bewusst. Sie weiß, dass Millionen Kubikmeter Wasser täglich weggepumpt werden, um ihr Land trocken zu halten, damit die Menschen in Städten und Dörfern leben können. Sie weiß auch, dass alle diese Pumpen plötzlich aussetzen könnten. »Trotzdem fühle ich mich sicher«, sagt sie. »Wir haben ein großartiges Wassersystem, strikte Sicherheitsmaßnahmen und Zukunftspläne.«

In den Niederlanden ist das Wasser allgegenwärtig: »Früher haben wir dieses Wasser gehasst», erinnert sich Joline Snel. »Jetzt lieben wir es.« Meer, Flüsse und Polder seien großartig für die Freizeitgestaltung. »Wasser gehört zur Identität der Städte.« Sie selbst, die gerne segelt, liebt die weite Sicht und das Freiheitsgefühl in den Poldern. Und die kleine Gracht vor ihrer Haustür.

Petra Weber

Ingenieurin für Wasserbau, Deichgräfin
Krefeld
Niederrhein

Treffpunkt am Rheintor in Krefeld-Uerdingen. Dort, wo der Rhein einen großen Bogen macht. Dort, wo die ›neue‹ Altstadt anfängt – die alte Altstadt wurde im beginnenden Spätmittelalter überflutet. Dort, wo das Wasser manchmal über die Ufer tritt, wo der alte Deich gerade saniert wurde.

Sofort ist die Rede vom Hochwasser. Petra Weber ist in ihrem Element. Sie zeigt auf die Pegelstände, die von November bis März durch Starkregen und Schneeschmelze besonders hoch sind. Es gebe dann einen enormen Wasserdruck auf den Deich durch die Rheinschleife. Bei Hochwasser wird das Rheintor geschlossen. So bei den Starkniederschlägen 1993 und 1995, wo das Wasser besorgniserregend stieg.

Die Wasserbauingenieurin erzählt von ihrem bisher größten Projekt, der Vorbereitung und Organisation der Deichsanierung. Spunddielen mit bis zu elf Metern

Tiefe wurden in den Deich eingebracht. Den Erschütterungen waren dabei auch die alten Häuser wie das schmucke Gasthaus »Zur Krone« ausgesetzt, eine ehemalige Schifferkneipe aus dem Jahr 1704. Auch wegen der alten Bäume auf dem Deich gab es Interessenkonflikte. Am Baubüro wurde ein Kummerkasten eingerichtet. Sie schaffte es, Umwelt- und Hochwasserschutz zu vereinbaren. »Es war eine aufregende Zeit«, meint Petra Weber nachträglich, »und ein harter Kampf«.

Heute hat der Deich eine Höhe von 33,38 Meter über Normalnull. Damit sei ein Schutz vor einem Hochwasser, wie es einmal in 500 Jahren vorkommt, gewährleistet, so die »Deichgräfin«. Ein Drittel der Einwohner/innen Krefelds – etwa 25.000 Menschen – leben im Risikogebiet des Rheins.

Wie wird eine Duisburgerin zu einer Kämpferin für den Hochwasserschutz?

Es gab eine »frühkindliche Prägung«, sagt Petra Weber, die ihre ersten Jahre sehr nah am Wasser verbrachte, nur ein paar hundert Meter hinter dem Deich. »Der Rhein hat mich schon als Kind fasziniert.« Sie erinnert sich gerne an die Spaziergänge mit ihrem Großvater im Bereich Rheinberg, immer linksrheinisch, immer am Niederrhein, in Richtung Niederlande. »Da haben wir gesessen und Schiffe geguckt.« Das Geräusch der Schiffe empfindet sie heute noch als etwas Altbekanntes. Schon als Kind habe sie zudem Bücher über Wasser und Wetter, Naturkatastrophen, Erdbeben und Überflutungen verschlungen.

Auch die Stilllegungspläne der Krupp-Verwaltung in den 80er Jahren, die kämpferische Bewegung dagegen und die Mahnwachen und Straßenblockaden 1987/88 hat die Rheinhausener Tochter miterlebt. 6.000 Arbeitsplätze in der Stahlindustrie wurden damals vernichtet. Die Rheinhausener Fraueninitiative sang Widerstandslieder mit Fasia, der »schwarzen Bardin von der Ruhr«, darunter »Keiner schiebt uns weg«. Es waren politische Lehrjahre für sie, denn als Schülerin hat sie sich an den Aktivitäten gegen die Schließung beteiligt. Heute noch erinnert die »Brücke der Solidarität« zwischen Rheinhausen und Duisburg an die bewegte Zeit.

Nach Abschluss der Realschule fing Petra Weber eine Ausbildung als Chemikantin bei Bayer in Krefeld-Uerdingen an. Bald merkte sie, die schon als Kind etwas für die Umwelt tun wollte, dass sie auf der falschen Seite stand. Also holte sie ihr Abitur nach, überlegte, was sie künftig machen könnte und wälzte Bücher über Berufe rund um das Thema Umwelt. Wasserbau und Wasserwirtschaft faszinierten die Neugierige durch den themenübergreifenden Ansatz, der Geologie, Hydrologie und Biologie miteinbezog. Man setzt sich technisch mit einer Situation auseinander, aber zugleich auch mit den Menschen. Schließlich entschied sie sich, an der Fachhochschule Bochum Wasserbau und Siedlungswasserwirtschaft zu studieren. Es war wie

eine Berufung, sie war eine der wenigen, die ihr Berufsziel vom ersten Tag an kannten: »Ich will in den Hochwasserschutz.« Zu diesem Zeitpunkt lag der Frauenanteil bei den Studierenden bei etwa 10 Prozent. Danach arbeitete sie zwei Jahre in einem »frauenuntypischen« Beruf, als Bauleiterin bei einer Brunnenbaufirma am Niederrhein. Sie habe viel gelernt, doch das Baugewerbe war ihr zu weit entfernt vom Umweltschutz. Sie fand Arbeit beim Bergisch-Rheinischen Wasserverband in Haan, wobei es um den Unterhalt der Gewässer ging. Das gefiel ihr: »Ich bin im Bergischen auch durch Täler gelaufen, in denen Rehe den Weg kreuzten. Es war schön, auch damit sein Geld zu verdienen.«

Seit Juli 2008 kümmert sich die Bauingenieurin um Gewässer und Hochwasserschutz im Fachbereich Tiefbau der Stadt Krefeld. Sie passe nicht nur auf, dass der Deich nicht geklaut werde, antwortet sie scherzhaft auf die Frage nach ihrem Aufgabenbereich. Bei ihrer Arbeit gehe es um die verschiedensten Bereiche der Wasserwirtschaft. So gehören auch Risikomanagement und Kommunikation zu ihren Aufgaben. Das heißt: im Alltag für den technischen Hochwasserschutz sorgen, die

Anlage unterhalten, sich Gedanken über Schutzmöglichkeiten machen, wenn Deiche brechen. Das heißt: Kooperationen ins Leben zu rufen wie beispielsweise mit der Industrie- und Handelskammer – es sind 1.500 Betriebe und Unternehmen im Risikobereich in Krefeld, darunter allein sieben Störfallbetriebe. Und es heißt, mit anderen Kommunen und mit niederländischen Kollegen in der Hochwassernotgemeinschaft Rhein zusammenzuarbeiten, die sich 1995 gebildet hat. Die Wasserbauexpertin hält Vorträge, klärt auf, rüttelt wach, erklärt, wie man sich bei den immer häufigeren Starkregen schützen kann. Ein Problem sei: »Wir verhalten uns so, als ob wir die Natur ignorieren könnten. Wir vergessen, dass wir nur eine Momentaufnahme sind.« Und dann tritt noch die »Hochwasserdemenz« ein. Menschen stumpfen ab. Nach sieben Jahren sei das Bewusstsein für die Bedrohungen verschwunden. »Unsere Aufgabe ist, dieses aufrechtzuerhalten und zu überzeugen, dass der Eigenschutz wichtig ist.« Weitsicht und das Denken in Zusammenhängen seien gefordert.

Mit dem 2016 verabschiedeten Landeswassergesetz – »quasi meine Bibel«, so Petra Weber – kommen neue Herausforderungen auf sie zu. Nach den vielen Hochwasserschäden 2013 im Süden und Osten Deutschlands wird es vermutlich mit dem Hochwasserschutzgesetz II des Bundes mehr Einschränkungen bei Baugenehmi-

»Ich habe ein Agreement mit dem Wasser, ich behandle es mit Respekt. Am Ende wird das Wasser doch mit mir machen, was es will.«

gungsverfahren hinter Deichen geben, erläutert die Sachgebietsleiterin für Hochwasserschutz. Dafür soll sie geradestehen, was nicht immer populär ist. Sie schmunzelt: »Ich habe aber immer die Hochwasserseele in mir.« Stolz ist sie auf den von ihr angeregten Paragraphen 79 im Landeswassergesetz, der mehr Geld für das Hochwassermanagement vorsieht.

Eine weitere Herausforderung hat sie selbst gewählt: ein Masterstudium in Katastrophenvorsorge und Katastrophenmanagement an der Bonner Universität. Das Thema fasziniert sie, und sie kann es im Beruf einsetzen. Dafür stellt sie manches Hobby wie Skaten oder Mountainbike zurück, dafür nimmt sie auch in Kauf, dass sie weniger Zeit für Familie und Freunde hat. Wenn Petra Weber zwischen Krefeld am Rhein und Schwäbisch Gmünd an der Rems pendelt, wo ihr Partner lebt, nimmt sie ihre Unterlagen mit: »Ich kann im Zug wunderbar arbeiten.«

Urlaub wird oft mit ihrer Leidenschaft für Wasser und Vulkane verbunden. Sie ist viel am Rhein unterwegs, ob Hoch-, Mittel- oder Vorderrhein, und will noch zur Rheinquelle am Tomasee, wo »jeder Tropfen, der da ist, irgendwann unten ankommt.« Wasser heißt für sie: sich hinsetzen, schauen und horchen. Das Wasser habe viel zu erzählen. Für Petra Weber ist es allerdings auch ein Element, in dem sie sich nicht unbedingt aufhalten muss. »Ich bin keine Wasserratte und habe auch keine Flossen.« Als sie im Urlaub auf Hawaii das Schnorcheln ausprobierte, stellte sie fest: Es sei spannend, sie habe dort aber nichts zu suchen. »Ich habe ein Agreement mit dem Wasser, ich behandle es mit Respekt. Am Ende wird das Wasser doch mit mir machen, was es will.«

(brom) fietsen
aan het hek
verwijderd

Zaki Shubber

Völkerrechtlerin für Wasserrecht, Delft
Rhein-Schie-Kanal

Im weißen UNESCO-Institut für Wasserausbildung herrscht Hochbetrieb zu Beginn des neuen Semesters. Studierende aus der ganzen Welt treffen im herbstlichen Delft ein. Zaki Shubber, die hier selbst studiert hat, führt seit 2012 als Privatdozentin Student/innen in Wasserrecht und -diplomatie ein.

Im dunklen Kostüm, mit einem blau-weißen Friedensabzeichen der UNO am Jackett, zeigt die 40-Jährige auf die Weltkarte in der Eingangshalle. Seit der Gründung des Instituts 1957 haben hier 15.000 Menschen aus 162 Ländern das Wasserrechtstudium absolviert, sagt sie, manche von ihnen seien inzwischen Minister. Kooperationen seien entstanden, beispielsweise mit der Friedensuniversität in Costa Rica oder mit der Oregon State University in den USA. Studierende aus verfeindeten Ländern wie Ägypten, Sudan und Äthiopien, denen der Nil sehr am Herzen

»Wir brauchen eine Anerkennung des besonderen Wertes des Wassers für das Überleben des Planeten.«

liegt, begegnen sich in den Hörsälen und diskutieren miteinander über Wasserkonflikte, -management- und -politik.

Die zwei bis vier Meter unter dem Meereswasserspiegel gelegene Wasserstadt Delft am Rhein-Schie-Kanal scheint der passende Standort für diese weltweit größte Wasser-Bildungseinrichtung zu sein. Vieles hat sich zwar seit Vermeers berühmter Ansicht von Delft geändert, doch die roten Backsteinhäuser und spitzen Kirchen, die unzähligen, von Bäumen gesäumten Grachten und die wunderbaren Wolken verleihen der Stadt immer noch eine friedliche Stimmung wie vor 350 Jahren.

Was bringt aber eine in Genf aufgewachsene und in London ausgebildete Rechtsanwältin dazu, sich dem internationalen Wasserrecht zu widmen und nach Delft zu ziehen?

»Wahrscheinlich habe ich mich wegen der Nähe zum Genfersee für das Wasser interessiert«, schmunzelt die Schweizerin irakisch-französischer Herkunft. Aufgewachsen ist sie im ehemaligen Bauerndorf Commugny nahe Coppet am Genfersee, dem Exilstädtchen der Schriftstellerin Germaine de Staël. Ihr Vater war juristischer Berater für die Weltgesundheitsorganisation WHO. Dadurch wurde sie indirekt mit dem Wasser konfrontiert, denn da die Wasserqualität Auswirkungen auf die Gesundheit hat, schlägt die WHO diesbezügliche Standards vor.

Nach einem Völkerrechtsstudium in Genf und London – in der renommierten School of Oriental and African Studies stand das Wasserrecht im Programm –, arbeitete sie jedoch zunächst als Rechtsanwältin für Manager. »Private Jets an private Kunden zu verkaufen, war aber langfristig nicht meine Sache«, lacht sie.

Sie kehrte zum Wasser zurück. Ihre Masterarbeit in Völkerrecht verfasste sie über das Prinzip der vernünftigen und gerechten Nutzung der geteilten Wasserressourcen am Beispiel von Euphrat und Tigris. Ihren zweiten Master schrieb sie am UNESCO-Institut für Wasserrecht an der schottischen Universität Dundee über die Zuflüsse des Tigris. Bei der Wahl ihrer Themen spielte natürlich auch ihre irakische Herkunft eine Rolle.

Es gebe keine klare juristische Regelung zum Grenzverlauf am Tigris und zur Nutzung des Flusses durch die Anrainerstaaten, erklärt sie. Neue Grenzen und neue

Verwaltungen schafften nach dem Niedergang des osmanischen Reichs neue Probleme. Das »Südanatolische Projekt« der Türkei, 19 Wasserkraftwerke und Bewässerungsanlagen sowie 22 Staudämme für die Landwirtschaft zu bauen, habe negative Auswirkungen auf die Anrainerstaaten stromabwärts.

Vor dem Internationalen Gerichtshof in der niederländischen Hauptstadt Den Haag werden immer wieder Wasserrechtsprozesse geführt. Zaki Shubber nennt einige Beispiele: 1997 zwischen Ungarn und der Slowakei wegen des Gabčíkovo-Nagymaros-Kraftwerks an der Donau, 2010 zwischen Uruguay und Argentinien wegen einer Zellulose-Fabrik am Uruguay-Fluss, sowie seit einigen Jahren zwischen Costa Rica und Nicaragua wegen des Grenzflusses San Juan. Zurzeit streiten Chile und Bolivien um die Nutzung des Flusses Silala.

Die Expertin für internationales Wasserrecht und -konflikte ist der Ansicht, dass Wasser ebenso eine Ursache für Konflikte wie eine Waffe in Konflikten ist. Sie verweist auf die Nutzung der Staudämme durch den IS im Norden Syriens und Iraks.

Die Schwierigkeit mit dem Wasser sei, so die Völkerrechtlerin, dass es keinen »Wassergendarmen« auf internationaler Ebene gebe. Wenn ein Staat das internationale Wasserrecht verletzt, habe dies lediglich juristische Konsequenzen. Sicher, man könne politischen Druck ausüben und in der UN-Nationalversammlung darüber sprechen. Aber, fragt sie, wie bringt man einen Staat, der über das Wasser stromaufwärts verfügt, an einen Verhandlungstisch mit den Anrainerstaaten strom-

abwärts? Es gebe zwar die internationale Wasserkonvention – das Übereinkommen zum Schutz und zur Nutzung grenzüberschreitender Wasserläufe und internationaler Seen, das 1997 von der UN-Vollversammlung verabschiedet wurde, ebenso wie Prinzipien über die vernünftige und gerechte Nutzung von Wasser, das Problem sei jedoch die Umsetzung. Der besondere Wert des Wassers für das Überleben des Planeten müsse benannt und ein Sonderstatus anerkannt werden, wie bei der Klimakonferenz, meint sie. Wenn die Staaten das wollten, könnten sie es auch. Ob das Hindernis beim Thema Wasser unterschiedliche Interessenlagen, Mangel an Verständnis oder Ignoranz sei?

Im internationalen Wasserrecht gehe es auch um Wassermanagement und politische Entscheidungen: Wie mit den Klimaveränderungen, dem Bevölkerungszuwachs und dem steigenden Energie- und Nahrungsbedarf umgehen? Der Zusammenhang zwischen Wasser, Nahrung und Energie wird immer wichtiger, kommentiert Zaki Shubber. Ein Thema, das in der Schweiz und in den Niederlanden sehr ernst genommen wird. Es gehe um eine integrierte Wasserwirtschaft, das heißt, man müsse auch andere Bereiche wie Landwirtschaft oder Konsumgewohnheiten in die Betrachtung einbeziehen. Beispielsweise benötige man etwa 15.000 Liter Wasser, um ein einziges Kilo Rindfleisch zu produzieren.

Für viele Menschen aus Europa, so Zaki Shubber, bedeute Wasser: den Wasserhahn öffnen. Ist das Wasser für eine halbe Stunde abgestellt, wird dies als Katastrophe empfunden. Ein Umdenken setzte nach dem Sandoz-Unfall von 1986 ein. Seitdem gehe es in Europa mehr um die Qualität des Wassers, während in trockenen Regionen die Quantität ein Problem ist. Damals floss nach einem Brand im Basler Chemie-Unternehmen hochgiftiges, rot gefärbtes Löschwasser in den Rhein. Auf einer Strecke von mehr als 400 Kilometern verendeten allein 150.000 Aale. Die Trinkwasserentnahme aus dem Rhein wurde für fast drei Wochen eingestellt, bis in die Niederlande; die Anrainerstaaten mussten Maßnahmen zur Verbesserung der Wasserqualität ergreifen. Man wolle »den Lachs im Rhein wieder ansiedeln«, hieß es.

Zaki Shubber ist in Sachen Wasser viel unterwegs. Nächste Stationen sind Iran und Palästina. Jüngste Konferenzen führten sie nach London, Nepal und Genf. Dort nahm sie am Runden Tisch des Geneva Water Hub teil, der internationale Forschungsinstitute und Institutionen innerhalb und außerhalb der Vereinten Nationen vernetzt. Dessen Ziel ist es, das globale Themenfeld Wasser, Frieden und Sicherheit stärker im öffentlichen Diskurs zu verankern.

Bei all diesen Terminen sitzen selten Frauen an den Konferenztischen. Die Wasserrechtsexpertin hat selbst des Öfteren erfahren, wie sie in diesem männerdominierten Kontext als Assistentin angesehen wurde. Dabei seien Frauen im Alltag mehr als Männer für die Wasserfrage sensibilisiert. Frauen und Wasser: ein Thema, das auch im UNESCO-IHE-Institut behandelt wird und das die begeisterte Schwimmerin fasziniert. Ihre Liebe zum Wasser sei nicht irrational, betont sie: »Es ist aber, als ob ich die besondere Bedeutung des Wassers und dessen, was es für das Leben darstellt, nachempfinden würde.«

Nicht zuletzt deshalb streitet sie für das internationale Wasserrecht und ihr Ziel, in Sache Wasser die Zusammenarbeit zwischen den Staaten zu fördern.

Wasser als Inspiration

Elisabeth Sobotka

Opernintendantin, Bregenz
Hochrhein-Bodensee

»Das ist hier der schönste Arbeitsplatz des europäischen Theaters«, erklärt die gebürtige Wienerin. Vor ihren Augen breitet sich der winterliche See aus, gesäumt von den sanften Hügeln des Vorarlberg. Die orangenen Zinnen der chinesischen Mauer kontrastieren mit dem gräulich silbernen Wasser, erinnern an die letzte Saison mit der erfolgreichen Turandot-Aufführung. »Dieser See hat so viel Dramaturgie«, sagt die Intendantin. Die Bühne und der See faszinieren sie.

Wien vermisst sie nicht. Ihrer Geburtsstadt mit dem »besten Theater der Welt« verdankt sie natürlich viel. Aber die hiesige Konzeption gefällt ihr, mit dem See draußen, dem Festspielhaus und der Werkstattbühne drinnen. »Ein Komplex, der mich sehr inspiriert.«

»Die Weite bringt die Gedanken zum Fliegen, meditativ und zugleich anregend, weil der See so lebendig ist.«

Ihre erste Begegnung mit Musik und ganz konkret mit Bach fand früh statt. Die Familie war musikalisch, der Vater ein großer Freund symphonischer Musik, die Mutter eine begeisterte Opernfreundin. Als Kind spielte sie Klavier und Geige, »katastrophal«, meint sie, dafür war sie empfänglich für Musik. Als sie neun Jahre alt war, bettelte sie, in Wagners »Götterdämmerung« gehen zu dürfen, und erlebte die Magie des Theaters. Sie war ergriffen – Siegfried lag zwar tot da, aber sie wusste, dass er nicht tot war, schließlich sah sie, wie sich die Bauchdecke hob.

Das war einfach wundervolles Theater. Die Initialzündung aber gab Puccinis »Tosca«. Elisabeth Sobotka war gerade 14, hatte noch einen Stehplatz bekommen, und erlebte den Tenor Plàcido Domingo. Und für sie stand von dem Moment an fest: »Ich muss an die Oper gehen. Mein Berufsweg zeichnete sich ab.« Von da an ging

sie zwei- bis dreimal wöchentlich in die Oper. Im Studium konnte sie ihren Berufswunsch entwickeln. Selber auf der Bühne stehen wollte sie nicht, sondern in die Organisation gehen. Eines Tages bekam sie mit, wie vor der Opernaufführung Entscheidungen getroffen wurden, weil ein Sänger erkrankt war. »Ich erkannte die Dienstloge und wollte dort hin.« Ein Jahr später war sie in genau dieser Loge. Sie studierte Musikwissenschaft, absolvierte einen Lehrgang für Kulturmanagement und machte schnell Karriere. Nach einer Tätigkeit im Künstlerischen Betriebsbüro der Salzburger Festspiele und bei der Musikalischen Jugend Österreichs in Wien wurde sie 1992 Leiterin der Künstlerischen Produktion an der Leipziger Oper – sie war gerade 27 Jahre alt. Es war kurz nach der Wende, vieles ging zugrunde. Und da lernte sie nicht nur die »hinreißendsten Menschen« kennen, sondern auch das besondere Verantwortungsbewusstsein und die Überzeugung der Künstler/innen schätzen. Das Theater war lebensnotwendig für die Menschen, und das ging ihr zu Herzen. Zudem habe sie der Intendant sehr gefördert, sie sei als Frau gleichbehandelt worden. Ein Überbleibsel der DDR-Zeit.

Danach war sie Chefdisponentin und Betriebsdirektorin der Wiener Staatsoper, Operndirektorin der Staatsoper Unter den Linden in Berlin, Intendantin an der Oper Graz. Bis der Ruf nach Bregenz kam. Sozusagen von heute auf morgen.

Es war eine Sensation, denn eine Opernintendantin des größten Seefestivals der Welt hatte es in den siebzig Jahren der Bregenzer Festspiele noch nicht gegeben. Dass sie eine Frau sei, spielte im Findungsprozess keine Rolle, sagt sie. Für die technische Mannschaft am See, eine männerdominierte Truppe, war es am Anfang etwas ungewöhnlich, es gab eine gewisse Befangenheit, man meinte, man müsse sie mit Samthandschuhen behandeln. Und bei hierarchisch strukturierten, stark männerdominierten Orchestern werden Frauen oft nicht ernsthaft wahrgenommen.

Besonders schwierig sei es, einen solchen Beruf mit einem Familienleben zu vereinbaren. Zumal ihr Lebensgefährte, der Konzert- und Operndirigent Michael Boder, viel unterwegs ist. Für die Paarbeziehung sei das nicht so ein Problem, da beide auch thematisch durch Musik und Konzerte eng miteinander verbunden sind: »Privat und beruflich kann man bei uns gar nicht trennen.« Als sie schwanger wurde, dachte sie, sie würde als moderne Mutter mit Kindermädchen beides schaffen. Sie merkte aber bald, dass bei all den Abend- und Wochenendterminen kein Babysitter

hilft. Ihr ging es nach der Geburt nicht gut, sagt sie, »ich hatte das Gefühl, man hat mich gefesselt, ich kann nicht mehr so frei wie früher entscheiden«. Elisabeth Sobotka liebt ihren Beruf, er erfüllt sie. Und plötzlich stellte sich die Frage anders: Ist das Kind wichtiger als die Arbeit? »Wenn ich meinen Beruf hätte aufgeben müssen, wäre ich keine nette Mutter gewesen«, sagt sie. Ihre eigene Mutter habe sie gerettet, stand ihr in Berlin bei. Heute kümmert sich die Großmutter in Bregenz um den elfjährigen Felix . Ob der Sohn musikalisch sei? Er hat Turandot zehnmal gesehen. Und er spielt Cello, meint aber, so die Mutter, dass ihn seine Eltern dazu zwingen, während diese meinen, er verbringe doch viel zu viel Zeit mit dem »gehassten« Computer.

Musik hält die begeisterte Opernfrau für ungeheuer wichtig. Heute würde den Kindern immer etwas angeboten – dadurch verlernen sie zweierlei: das Sich-Langweilen – da komme man zu den besten Ideen – und das Konzentriertsein. Wichtig sei es, die Jugendlichen für die Musik zu gewinnen. In Graz habe sie erfolgreiche Schülerprojekte entwickelt. Im Sommer gibt es in Bregenz Workshops, bei denen sich Jugendliche Stücke erarbeiten, auch Bands, die beispielweise Turandots Hits arrangieren.

Die Intendantin ist überzeugt: Kunst kann verändern. »So naiv bin ich natürlich nicht zu denken, einer geht in die Oper und kommt als besserer Mensch heraus.« Aber eine Art Mitgefühl kann sich entwickeln. Man sieht sich und die anderen widergespiegelt. Auf der Bühne wirkt eine ergreifende Szene unmittelbarer als auf dem Bildschirm. »Theater ist lebendige Kommunikation. Durch das unmittelbare Dabeisein, die Gestik und das Erzählen einer Geschichte ist man anders dabei. Das kann wirklich Bewegung im Menschen auslösen.« Von allein komme es aber nicht. »Diese Einlassungsbereitschaft müssen wir in die Gesellschaft und in die jungen Leute tragen. So können das Theater und das Ergriffensein durch theatrale Vorgänge etwas verändern.« Die Seebühne draußen trägt in ihrer Unmittelbarkeit dazu bei, unter anderem auch, weil sie kein abgeschlossener Raum ist. Wenn es regnet, werden die 7.000 Zuschauer/innen nass. Die Oper im Freien, in all ihrer Künstlichkeit, sei in Bregenz eben sehr echt: »Eine einmalige Verbindung von Natur und Kunst in einer spektakulären Bucht«, kommentiert die Intendantin. »Auf der Seebühne habe ich diese Faszination, ob sich eine künstlerische Behauptung in der Natur durchsetzen kann oder nicht.«

In ihren bisherigen beruflichen Aufenthaltsorten – ob Wien, Salzburg, Leipzig, Berlin oder Graz – war die Opernfrau immer an einem Gewässer, »wegen der blauen Donau, die in meinen Adern fließt«, sagt sie schmunzelnd. Jetzt sei sie glücklicherweise am »Schwäbischen Meer« gelandet. Die Weite, die Veränderlichkeit des Sees inspirieren sie und seien wie geschaffen für »Turandot«, die Geschichte einer starken Frau: Die Arien, die Massenszenen, der Farbenreichtum sind ideal für den See, diese Kulisse lasse Kraft und Intensität der Oper spüren. Aus dieser Sicht ist auch »Carmen«, die für 2017 und 2018 programmierte Aufführung, ideal.

Wenn Elisabeth Sobotka etwas Zeit hat, fährt sie zu ihrem Lieblingsplatz an der Rheinmündung bei Fußach – oder in den Bregenzer Wald an die Ach, einem Zufluss des Bodensees. An beiden Orten geht sie gerne spazieren. Wenn sie wenig Zeit hat, gerne am belebten Gondelhafen, wo die Festspiele 1946 entstanden.

Und wenn sie gar keine Zeit hat, dann schaut sie von ihrem Büro im vierten Stockwerk auf den See. »Die Weite bringt die Gedanken zum Fliegen, meditativ und zugleich anregend, weil der See so lebendig ist.«

TURANDOT
STOP

Emmanuelle Pagano

Schriftstellerin, Cros-de-Géorand, Ardèche

Le Gage

Es nieselt auf der Hochebene. Ein hartnäckiger Sprühregen lässt die von blühenden Ginstern gelben und grünen Wiesen glänzen. Eine Landschaft von Hügeln, Bergen, Stauseen, Flüssen und Bächen breitet sich aus. Eine der drei Quellen des größten französischen Flusses Loire, am Fuß des bizarren Vulkankegels Mont Gerbier de Jonc, ein dunkler Tümpel, stürzt den Berg hinunter, versteckt sich zeitweise unter Sumpfdotterblumen und Wiesenköniginnen .

Am vulkanischen See Issarlès, einem schwarzen Trichter mit mehr als hundert Metern Tiefe, von uralten Höhlen und Kiefernwäldern umsäumt, ist das Wasser »glatt und faltenlos wie ein polierter Stein«, so heißt es in ihrem Roman.

In dieser rauen Hochebene am Ende der Welt spielt die Geschichte der Selbstfindung von Adèle. Die Heldin aus dem Roman »Les adolescents troglodytes« (deutscher Titel: »Der Tag war blau«), eine Busfahrerin, sammelt im Sommer wie im Winter die Kinder aus den umliegenden Orten ein und bringt sie zur Schule. Sturm, Wind und Schnee zwingen sie eines Tages dazu, Schutz zu suchen – sie finden Unterschlupf in einer Höhle an einem tiefen See.

In dieser abgelegenen Landschaft wohnt die Schriftstellerin in »Les Sardines«. hinter einem Wald verborgen. Auf dem Schild eines Wanderwegs steht: »Das Wasser und seine Kraft«.

Um dorthin zu gelangen, braucht man eine detaillierte Landkarte und eine genaue Ortsbeschreibung – die der Schriftstellerin ist volle zwei Seiten lang. Cros de Gérand heißt das Plateau mit den Windrädern und der Windkraftanlage. Einsam ist es ihr nicht. Sie vermisst auch den Lärm der Stadt nicht. Ihr Alltag? »Ich schreibe vormittags, wandere am Nachmittag und lese abends.«

Beim Schlürfen eines etwas bitteren Kräutertees aus selbstgepflücktem Mädesüß – der heiligen Pflanze der keltischen Druiden und Großmutter des Aspirins –, erzählt die schmächtig wirkende Einsiedlerin mit dem langen dunklen Haar und beeindruckenden großen blauen Augen von ihrem Leben mit seinen äußeren Landschaften, die die inneren widerspiegeln, vom Wasser und dessen Tiefen.

Emmanuelle Pagano wuchs in Kleinstädten der Départements Hérault, Isère und Ardèche auf – der Vater war Gendarm, die Mutter Grundschullehrerin, die Groß- und Urgroßeltern Bauern. Sie erinnert sich an das Baden mit der Mutter im Fluss Beaume. In der Hauptstadt der Seidenraupenzucht und der Kastanien, Joyeuse, verbrachte sie acht Jahre ihrer Kindheit. Ein Dorf, in dem Karl der Große sein Schwert bei einer Jagd verloren haben soll. Im Nachbardorf Labeaume wurden Maulbeerbäume für Seidenraupen ange-

baut. Um die Mühlen für die Seidenspinnerei und das Zwirnen in den Tälern der Beaume und der Ligne, zwei Nebenflüssen der Ardèche, die einander kurz vor den gewaltigen Schluchten treffen, geht es auch in Paganos Roman »Ligne & Fils« (ein Wortspiel mit Angel und Linie, Fäden und Söhnen). Die kurvenreiche und wechselhafte Ligne ruft eine dunkle Vergangenheit wach, vor der geflüchtet wurde, während die glatte und ruhige Beaume mit glücklichen Kindheitserinnerungen verbunden ist.

Das Dorf Joyeuse und die Hochebene seien sehr unterschiedlich, meint die Schriftstellerin. Es herrsche weder die gleiche Mentalität noch das gleiche Klima. Der Ort, an dem sie heute zeitweise lebt, sei dem Asthma ihres Sohnes geschuldet. Wohnen im Hochland war unumgänglich. Mit ihrem Ex-Mann wollte sie im Vercors leben. Da sie dort jedoch kein erschwingliches Haus fanden, ging es auf das Plateau

ardéchois. »Aber der Ort passt mir«, betont Pagano.

Ihre drei Kinder haben drei verschiedene Väter. Heute kümmert sich ihr letzter Mann um das jüngste Kind – auch mit abwechselnder Betreuung. Seit ihrer Scheidung 2010 ist sie öfters auf Schriftstellerresidenz und nimmt manchmal das Kind mit, beispielsweise, als sie sich anderthalb Jahre in der Villa Medici in Rom aufhielt. Ihre ersten beiden Kinder hat sie allein erzogen. »Das ist nicht komplizierter als in anderen Berufen«, meint sie. Doch war es nicht immer einfach, Kinder und Schreiben zu vereinbaren. 2012 gab sie ihre Tätigkeit als Lehrerin endgültig auf: »Schreiben und lehren, das schaffte ich nicht.«

Zum Schreiben kam sie auf Umwegen. »Wahrscheinlich wollte ich immer Schriftstellerin werden«, meint sie rückblickend. Im Abiturjahr hatte sie einen Roman geschrieben, an drei Verlage geschickt und drei Absagen erhalten. Sie folgerte daraus, dass sie nicht Schriftstellerin werden könne und beschloss stattdessen, Filmregisseurin zu werden. »Ich wollte Geschichten erzählen, so oder so.« Nach drei Studienjahren stellte sie fest, dass der für die Filmregie notwendige Umzug nach Paris nicht machbar war – sie lebte damals mit ihrem Sohn in Montpellier und arbeitete neben dem Studium. Ohne Wohnung und ohne Kindermädchen in Paris, das ging einfach nicht. Also begann sie, eine Dissertation über die Ästhetik des Kinos zu schreiben. Dann bekam ihr Junge Atemschwierigkeiten und gleichzeitig wurde ihre Tochter geboren: »Ich schaffte es nicht zu arbeiten, die Dissertation zu schreiben

»Es ist nicht das Wasser, das mich interessiert, sondern das Ufer, die Begegnung des Menschen mit dem Wasser.«

und mich um die Kinder zu kümmern.« Wieder umdenken. Pagano, die nebenbei Schulbetreuerin war, dachte sich, ein Beruf als Lehrerin wäre ideal: »Ich könnte halbtags arbeiten und meine Dissertation zu Ende schreiben.« Also bereitete sie sich auf die Agrégation im Fach Bildende Kunst vor, schaffte auch die schwierige Zulassungsprüfung. Sie hatte sich jedoch getäuscht, auch das war zu viel. Sie gab die Dissertation auf und begann wieder zu schreiben. Zehn Jahre lang lehrte und schrieb sie. Dann gab sie den Lehrerberuf auf, schrieb wieder an Verlage und hatte Erfolg. Inzwischen hat sie zehn Romane, etliche Novellen und Kurzgeschichten geschrieben und mehrere Preise gewonnen.

In Paganos Werk ist das Wasser allgegenwärtig. Doch es ist nicht das Wasser selbst, das die Schriftstellerin interessiert, sondern das Ufer, die Begegnung der Menschen mit dem Wasser. Die Natur ist für sie keine Kulisse, sondern etwas, mit dem und wogegen man lebt. Sie erzählt von der Gewalt der Ufer, von Zwängen, Wasserumleitungen und Kanälen, von Dämmen und Schleusen.

Sie ist oft gefragt worden, warum das Wasser so präsent in ihren Büchern sei, und hat darauf mit ihrer Trilogie der Ufer geantwortet. In jedem Band gibt es ein Tal mit Wasser, ob Wildwasser, Staudamm oder Teich, die Handlung spielt sich zwischen Meer und See ab. Der Fluss, das Wasser überhaupt, prägt ihre Helden, lässt sie erinnern und ihre Familiengeschichten erzählen. »Die Menschen, die hinter den Landschaften stecken, gehen eine intime Beziehung zu den Landschaftselementen ein. Ich füge dann zusammen. Dabei übertrifft die Wirklichkeit die Fiktion.«. Ursprünglich sollte ihre Trilogie eine Familiensaga um die Täler und das Wasser der Ardèche werden.

Es sind Wassergeschichten um drei verschiedene Familien und deren Querverbindungen geworden.

Der zweite Band über Staudämme »Sauf(s) riverains« (ein Wortspiel mit »Anlieger frei« und »unversehrte Anlieger«) ist ein autobiografischer Roman. Pagano dazu: »Ich begann mit meiner väterlichen Familie und mit Reben unter Wasser und kam zur Geschichte meiner mütterlichen Familie, die mit einem Staudamm im Zusammenhang steht.« Das Geschehen findet auf der Hochebene von Larzac am Stausee von Salagou statt, auf Okzitanisch dem Land des Wassers und der Quellen. Beschrieben wird das Wasser und dessen Beziehung zu Menschen. »Ich bin im selben Jahr wie der Stausee Salagou geboren«, sagt die Autorin, »und weil die Reben meines Großvaters jetzt unter dem See liegen, wollte ich alles sehen«. Das führte sie zum Schloss Dombedos-de-Celles – dort wohnte einst ein bekannter Benediktiner, Autor von »Die Kunst des Orgelbauers« (1766). Sie war wieder beim Thema Wasser – einem Element, das mit der Orgel verbunden ist. War doch die Hydraulis, die Musik durch Wasser produziert, eine Vorläuferin der Orgel.

Im dritten, noch ungeschriebenen Band soll es um die Teiche unter den Golanhöhen gehen, die in den 50er Jahren ausgetrocknet und in den 90ern wieder geflutet wurden. Dahinter steckt auch eine Beziehung zu einem Israeli, dem biologischen Vater ihrer Tochter Lola. Die aufwändige Recherche für das Buch sowie eine Autorenresidenz in der »Brenne« – dem von George Sand besungenen Land der tausend Teiche – und die Entdeckung von Teleskopen mitten im dortigen See brachten sie an den Standort des Centre de transmissions de la Marine nationale für U-Boote und an das Thema der Ausbildung von Marinesoldaten zum Horchen von Tönen im Meer: Diese sollen große Schiffe aufspüren, sagt sie: »Sie sehen nie das Meer, aber sie schaffen eine Verbindung zwischen Teich und Meer.«

Bevor wir uns unter wachsendem Regen von dem Roman und dessen Schriftstellerin verabschieden, zeigt uns diese den Gage, ein stürmisches Nebengewässer der Loire, eine halbe Stunde zu Fuß von ihrem Haus entfernt. Den Besuchern empfiehlt sie den Wanderweg von Antraïgues-sur-Volane (was so viel heißt wie zwischen den Gewässern – Volane und Mas) nach Genestelle zum märchenhaften Château de Craux aus dem 12. Jahrhundert, wenige Täler und Berge weiter. Diese Gegend besang einmal »Jean des Sources et Jean des Encres«, der Dichter und Sänger Jean Ferrat, in »Que la Montagne est belle« (»Wie schön ist der Berg«) und »Comprendre« (»Verstehen«) von 1971: »Ich werde dir das Wasser und das Licht, den Baum, die Quelle und den Wildbach beibringen …«.

Beate Gatscha

Tänzerin, Musikerin, Berlin-Köpenick
Spree und Dahme

Ungewöhnliche, dumpfe flötenartige Töne erschallen in der Barockkirche von Köpenick, auf der Schlossinsel, dort, wo Dahme und Spree zusammenfließen. Musik aus Luft und Wasser. Vier hellblaue stimmbare Kunststoffröhren, Orgelpfeifen von unterschiedlicher Länge und Stärke, werden rhythmisch in die blau angestrahlten halbtransparenten Wasserbehälter getaucht und bewegt. Bei jedem Stich entstehen kurze Pfeifenlaute. Eine Klangwelt aus fernen Ländern füllt den Raum, die Musik folgt dem Rhythmus des Wassers, abwechselnd kraftvoll, sanft und monoton. »Klänge aus dem Wasser gestampft«, heißt ein Stück, »Über dem Wasser« und »Die Regenmacher« andere. Fließende Musik, die exotisch, spirituell und zugleich selbstverständlich erscheint.

»Ins Wasser stechen ist anstrengend«, sagt Beate Gatscha, die vor siebzehn Jahren mit ihrem Partner, dem Köpenicker Bariton- und Sopran-Saxophonisten Gert Anklam, die Gruppe Liquid Soul gründete. Das Wasser, das die experimentierfreu-

»Dem alltäglichen Symbol des Lebens verdanken wir unsere musikalischen Inspirationen.«

digen Künstler/innen auf ihren fernöstlichen Reisen erlebten, hatte sie inspiriert: ob Regenfälle während des Monsuns, Überschwemmungen in Städten oder Ozeanwellen, ob knappes Trinkwasser, die Wassersuppe als Vorspeise oder der plötzliche Wasserstopp beim Duschen, ob das heiße Wassertempelbad oder ein Schwimmbad in der Abendsonne. »Dem alltäglichen Symbol des Lebens verdanken wir unsere musikalischen Inspirationen, die wir in unseren Konzerten zum Ausdruck bringen.«

Aus Anlass des Festivals Aquatektura in Berlin entwickelten beide Künstler/innen die Wasserstichorgel, ein außergewöhnliches Instrument, das auf dem Prinzip einer Brunnenpfeife, einem alten Wasserstandmessgerät der Wasserwerke, beruht. Ein Instrument, das von ihnen auch in Naturseen oder Schwimmbädern gespielt wird, und mit dem sie bei Konzerten in Thermalbädern, Wasserwerken, im Wasserturm, an der Ostsee oder im Indischen Ozean auftreten. Seitdem steht die Wasserstichorgel im Mittelpunkt ihres Programms, immer wieder auch kombiniert

mit anderen Instrumenten wie dem Hang – einer Art indonesischer Gong, der aus zwei Schalen aus Stahl mit Eindellungen besteht, deren Oberflächen mit den Klangfeldern von den Händen berührt werden –, den asiatischen Flöten und der chinesischen mehrstimmigen Mundorgel Sheng – der Vorläuferin der Mundharmonika – oder dem Saxophon. Solche Instrumente brachten sie aus Indonesien und Japan nach Berlin.

In Ubud, einem balinesischen Städtchen am Rande der Reisfelder, nehmen sie Musik- und Tanzunterricht. Ubud entwickelte sich bereits in den 30er Jahren des letzten Jahrhunderts zum Kunstmekka Balis – ein Ort, an dem die österreichische Musikerin und Schriftstellerin Vicki Baum 1937 ihren Roman »Liebe und Tod auf Bali« schrieb, eine Geschichte mit wenig Liebe und viel Kolonialismus.

Von ihrem letzten Aufenthalt in Ubud brachten die Künstler/innen ein Instrument der Gamelan-Musik mit – das Gender Wayang, das zu zweit oder zu viert gespielt wird. Keine Fernreise ohne ein neues Instrument, ist ihre Devise. Gamelan ist eine alte rituelle und rhythmisch komplexe Musik. Auf Metallophonen über zehn Platten wird der Schlegel geschlagen, gegensätzliche Melodien bestehen nebeneinander, mystische Klänge entstehen, eine Art Glockenspiel. So in ihrer Komposition »Sudah Mandi?«, ein Morgengruß aus Bali, der so viel heißt wie »Hast Du schon gebadet?« Gender Wayang erfordere Präzision und Konzentration, sagt die Musikerin: »Es ist eine technische und rhythmische Herausforderung.«

Den Dialog der Kulturen und der Klänge pflegen und fördern beide Künstler. Im Rahmen der interkulturellen Projekte von Liquid Soul wurde 2012 ein deutsch-

japanisches Oratorium aufgeführt, mit archaischen buddhistischen Ritualgesängen von japanischen Mönchen, mit traditionellen japanischen Instrumenten, mit szenischen Darstellungen, darunter einem raffinierten Maskentanz von Beate Gatscha, und mit den klangvollen Saxophon-Improvisationen von Gert Anklam. Zum Gedenken an die Opfer der Katastrophe von Fukushima 2011 traten sie auch mit der japanischen Koto-Spielerin und Sängerin Karin Nakagawa im Konzert »Tausend Kraniche« auf. Koto, eine japanische Wölbbrettzither, deren Töne an die der Harfe erinnern, passe gut zur Musik von Liquid Soul, meint Beate Gatscha, und Kraniche seien ein Symbol des Glücks und der Hoffnung, auch der schützenden Mütterlichkeit der Natur. Wer tausend Papier-Kraniche falte, habe einen Wunsch bei den Göttern frei.

Die vielseitige Frau spielt auch Cajon, oft Kistentrommel genannt, ein aus Peru stammendes Perkussionsinstrument. Ursprünglich, so die Musikerin, entstanden Cajones aus Transportkisten für Fische oder Apfelsinen, welche die Sklaven afrikanischer Herkunft verwendeten, nachdem ihnen ihre traditionellen Trommeln weggenommen worden waren.

Mit Musik war Beate Gatscha früh vertraut, auch wenn die Eltern keine Profikünstler waren. Ihr Vater spielte aber Gitarre in einer Band. Sie war handwerklich und zeichnerisch begabt. Ausgebildet wurde sie in Malerei, später in Musikethnologie. Zehn Jahre hat sie gemalt und zehn Jahre als freie Künstlerin ausgestellt. Die Bilder und Grafiken hat sie auch in Performances eingesetzt. Ihre Kunstlehrerin, die in Verbundenheit mit Kunst und Natur lebte, habe sie geprägt, sagt sie. In die Musik sei sie durch Projekte »hineingedriftet«. 1993 begegnete sie Gert Anklam und sprang 1997 bei seinem Konzert in Chicago ein, als ein Künstler plötzlich ausgefallen war. Sie projizierte ihre Grafiken auf großen Leinwänden, passend zu Saxophontönen. Das war der Beginn einer inspirierenden Zusammenarbeit und des Zusammenlebens mit Gert Anklam. Weltreisen folgten, die Entdeckung des indischen Tanzes und der japanischen Taiko-Trommel Ende der 90er Jahre. Sie erlernte den Kathak-Tanz in Berlin und Indien, den sie solo, mit Fußglöckchen und anmutigen Handbewegungen aufführt. Und sie lernte in Berlin und Japan das Taikospiel. Taiko, was so viel wie dicke Trommel auf Japanisch heißt, ist eine fassförmige Röhrentrommel. Ein Instrument, das viel Energie erfordert, sagt sie. Beate Gatscha gründete die Frauentrommelgruppe Rasa Daiko – rasa steht auf Hindi für einen Zustand der Freude und der Erfüllung beim Genuss eines Kunstwerks. Dabei kombiniert sie Tanz und Musik, Meditation und Kampfkunst. Maskentänze oder perkussive indische Tänze begleiten die Trommelsequenzen.

Köpenick, wo sie Taiko unterrichtet und sich mit ihrem Partner eingerichtet hat, inspiriert sie, eine Stadt am Wasser mit vielen Frauengeschichten. Eine davon handelt vom Frauentog. Während der Hungersnot nach dem Dreißigjährigen Krieg vor bald 400 Jahren legten die Fischersfrauen am heutigen Frauentog zwischen Schlossinsel und Kietz die Netze einmal selber aus, nachdem eine von ihnen von einem reichen Fischgrund nahe der Schlossinsel geträumt hatte. Ihr »Frauenzug« wurde mit einem reichen Fischfang belohnt. Am Frauentog befindet sich auch das Denkmal für Mutter Lustig, die Begründerin der hiesigen Lohnwäscherei im Jahre 1835. Seit Anfang der 80er Jahre steht hier eine Skulptur der Wäscherin, einer hockenden, kräftigen Frau. Die Köpenicker Spree eignete sich wegen ihres weichen Wassers besonders zum Waschen – die Wiesen wurden zum Bleichen und Trocknen genutzt.

Das Wasser und dessen Geschichten gefallen der vielseitigen Künstlerin, die sich spielerisch an einen Baum am Dahme-Ufer schmiegt und tänzerische Figuren am Wasser improvisiert. Ihre Erfahrung mit dem Wasser sei existentiell, sagt sie. Sie habe Überschwemmungen und den Mangel an Wasser erlebt. Und ihre Lieblings-Bonsai-Pflanze sei damals eingegangen, ein Erlebnis, das sie tief berührte. Sie lernte daraus, achtsam zu sein und nichts zu vernachlässigen, auch nicht eine Pflanze. »Ich bin selber eine Pflanze, also brauche auch ich Wasser zum Leben.« Sie habe zudem im Hinduismus die Wasserverehrung erfahren: die Reinigungs- und Regenwasserrituale, die Reisfeldbewässerung und -beschwörung. »Die Wasserstichorgel passt zur dortigen Kultur«, meint sie, »sie ist sehr balinesisch.«

Ester Vonplon

Fotografin, Castrisch, Graubünden
Vorderrhein

Von weißen Tüchern verhüllte Gletscher. Gletscher in Falten gelegt. Gletscher im Leichentuch. Graue Rinnsale dazwischen, durch Kiessedimente getrübtes Schmelzwasser, Gletschermilch. Unter den Tüchern plätschert es, schmilzt das Eis.

Die schwarz-weiß-grauen Bilder wirken mystisch. Es sind schöne und verstörende, unheimliche und ästhetische Bilder. Für diese tiefgründige, in Kunstfotografien festgehaltene »Gletscherfahrt« war Ester Vonplon zwei warme Sommer auf Schweizer Gletschern unterwegs: Glatscher dil Vorab bei Flims/Laax, Rhônegletscher, Glatscher da Punteglias bei Trun ... Sie erlebte, wie riesige, mit groben Stichen zusammengenähte Stoffbahnen aus Hubschraubern auf die Eismassen niedergelassen wurden. »Eine Monsterarbeit.« Sie sah zu, wie das Eis trotzdem langsam und

»Ich will das Unsichtbare zeigen, das Flüchtige und Vergängliche fassen.«

stetig schmolz. »Irgendwie absurd«, meint sie, und doch sei die Symbolik von Weiß spannend, ein Weiß, das wirkte, als sei es über einen Körper gelegt: »Ich hatte das Gefühl, der Gletscher ist tot, oder er liegt im Sterben.«

Für ihre »Schneearbeit« habe sie den Klängen der Gletscher gelauscht und sie mit hochsensiblen Mikrofonen unter dem Tuch aufgenommen. Daraus machte sie 2015 gemeinsam mit dem Musiker Stephan Eicher eine Audio-Collage, auch ein Dokument der »hilflosen und nutzlosen Versuche«, die direkte Sonneneinstrahlung von den Eismassen abzuhalten und die Gletscher zu retten. Absurd fände sie zudem, wie im Winter Berghänge nachts beleuchtet und mit Kunstschnee bedeckt werden und Menschen in ihren Monturen tagsüber auf einem weißen Streifen durch grüne Wiesen Ski fahren.

Es sind keine Landschaften aus dem Bilderbuch, keine Hochglanzpostkarten, die Ester Vonplon präsentiert, sondern Kunstwerke in Schwarz-Weiß, in denen das Minimalistische, das Horizontlose, die Abstraktion zum Ausdruck kommen. »Ich will das Unsichtbare zeigen, das Flüchtige und Vergängliche fassen«, sagt sie.

Menschenleere Landschaften in Bewegung, an denen Menschen Spuren hinterlassen haben, faszinieren sie immer wieder, und diese hält sie in ihren Fotografien fest. Zum Beispiel in »Ruinaulta«, der Rheinschlucht mit den bizarren Felsen, die vor 9.480 Jahren nach dem größten alpinen Bergsturz entstand, auch Grand Canyon der Schweiz genannt: Wasser, Schnee, Bäume, grau-schwarz-weiße Landschaft und Strukturen, dazwischen eingeblendete Gesichter schwarz auf schwarz, gespenstische Erscheinungen.

In einer anderen Arbeit, »Surselva« – was auf Rätoromanisch so viel heißt wie »oberhalb des Waldes« (so wird die Talschaft des oberen Vorderrheins genannt) – sind leere Chalets zu sehen, Räume mit Alltagsgegenständen, Blumen, die in Abwesenheit der Menschen Geschichten erzählen. Geschichten vom Vergessen und vom Vergänglichen. Surselva ist auch die Heimat ihrer Mutter und Großmutter. Dorthin ist sie zurückgekehrt, zu ihren Wurzeln, nach Jahren einsamer Wanderschaften. Ins Dorf Castrisch nahe Ilanz (vom keltischen itu-landa, Kornscheune), der ersten Ortschaft am Rhein. Ein früheres Bauerndorf, in dem einst Ungeheuerliches geschah. Seit Beginn des 17. Jahrhunderts wurden »Hexen« in der Surselva verfolgt, weil sie angeblich in Kontakt mit dem Teufel standen und verantwortlich für Naturkatastrophen oder Krankheiten wären. Innerhalb eines Jahrhunderts wurden etwa 300 Personen in der Surselva der Hexerei bezichtigt, mehr als hundert gefoltert, enthauptet, hingerichtet.

Als letzte Hexe wurde in Castrisch um 1700 Barbla Josch Pitschen hingerichtet, die des Mordes an einem Jungen angeklagt wurde, dem sie ein Kraut zum Essen gegeben hatte.

Von ihrer Castrischer Dachwohnung aus, mit Blick auf den Bündner Rigi, den 2064 meterhohen Piz Mundaun, und auf die winterlichen Rheinauen kann Esther Vonplon nachts das Wasser hören. Von dort aus, am früheren Richtplatz vorbei, führt ein Weg ins Weiße zum Wasser, zu ihrer Lieblingsstelle Isla Sut mit grauem Sand, dunklem Kiesel und mit gewaltigen Felsblöcken. Flussregenpfeifer und Flussuferläufer, seltene Brut- und Sommervögel, haben an den Rheinauen ihr Zuhause gefunden, ca. 80 bis 120 Paare brüten hier ungestört im Frühjahr. Beobachtet hat die Künstlerin aber auch, wie sich der Rhein unterhalb des Wasserkraftwerks verändert: 24 Stunden lang hat sie jede Stunde die Wandlungen im Bild festgehalten. Von wegen Natur: Oft sei die Strömung zu stark und spüle Fische auf die Sandbank, dann bewege sich nichts. Sie schwärmt für die Wiege des Rheins, die wilde Quelle am Lag da Toma auf 2.345 Metern, etwa 60 Kilometer von Castrisch entfernt. Da sollen Zauberwesen wohnen. So die Quellnixe Mariuschla, die tagsüber schläft und am frühen Morgen Tautropfen auf den Wiesen einsammelt, um die Quelle zu füllen.

Sie erwandert gerne den nahen Flimser Wasserwanderweg Trutg dil Flem, vom Dorf bis zur Quelle der Flem, mehr als 1200 Höhenmeter bergauf. Ein gelungenes Stück Kultur in der Natur, oder Natur in der Kultur.

»Ich mag das Flüssige«, sagt sie und erzählt, wie sie neue Projekte beginnt und schließlich immer wieder beim Wasser landet und Flüsse fotografiert. So zuletzt in Berlin, bei einer Arbeit über das Ineinanderfließen von Natur und Kultur. Da fand sie sich an der Spree wieder und musste lachen. Die vergängliche, flüssige und bedrohte Natur hat sie von Kindheit an begleitet.

Mit der Fotografie war es anders. Es gab keine Vorbilder in der Familie, keine bewunderte Künstlerin, keine selbstverständliche Tradition. Der Großvater hatte ein Modegeschäft, die Großmutter ein Feld. Als Kind und Teenager habe sie viel Sport getrieben. Snowboard und Skateboard, Wettbewerbe waren eine Zeitlang ihre Leidenschaft. Sie führte die Weltrangliste der Juniorinnen im Snowboard an. Dann erlitt sie eine schlimme Rückenverletzung beim Schlittenfahren. Und vor allem: »Ich hatte genug von den Skigebieten, ich wollte etwas anderes.« Nach einer kaufmännischen Ausbildung zog es sie in die Ferne, nach Berlin. Sie wollte eigentlich Filme machen, da traf sie auf einen älteren Professor für Fotografie in Potsdam, der ihr riet, es mit der Fotografie zu probieren. Also kaufte sie sich mit 23 Jahren eine alte Polaroid-Kamera auf dem Flohmarkt. »Ich hatte keine Ahnung von Fotografie.« Aber gerade das gefiel ihr. Sie studierte an der Fotoschule am Schiffbauerdamm, wo es tolle Dozent/innen wie Arno Fischer oder Sibylle Bergemann gab. Und sie bewarb sich erfolgreich für das Goldrausch-Kunststipendium in Berlin. Von dort aus war es zudem nur noch ein Katzensprung nach Osten. In diese Zeit fielen ihre Reisen auf den Balkan, in den Kosovo, nach Russland und Bulgarien. Sie fand russische Literatur spannend. Im Kosovo widmete sie sich der Straßenfotografie und bekam dafür 2008 den ersten Preis als »Schweizer Fotografin des Jahres«.

Es folgten ein Studium an der Zürcher Kunsthoch-

schule – »sehr theoretisch und konzeptuell« –, und die endgültige Entscheidung für die Fotografie.

In Castrisch, wo sie heute mit ihrem Partner, einem Theaterleiter, aus Serbien stammender Rom, sowie mit der fünfjährigen Tochter Ottavia lebt, werden neben zahlreichen Ausstellungseröffnungen die nächsten Fotoreisepläne der Nomadin schmiedet. Demnächst geht es gemeinsam mit einem Dichter zum Bielersee, auf den Spuren von Jean-Jacques Rousseau. Der wandernde Naturphilosoph hielt sich seinerzeit zwei Monate lang auf einer einsamen Insel auf und schrieb: »Nirgends fühlte ich mich so wahrhaft glücklich wie auf der St. Petersinsel mitten im Bielersee, und an keinen Aufenthalt denke ich mit solch süßer Wehmut zurück.«

Ester Vonplon kommt gerade von einer Expedition von »The Arctic Circle« zu den Spitzbergen im Arktischen Ozean zurück. Dort segelte sie mit Künstler/innen und Wissenschaftler/innen auf einem Dreimaster, »dreieinhalb Wochen ohne Zivilisation«. Ihre Arbeiten beenden ihre Trilogie über Schnee, Eis und das Konzept von Weiß. Wasser und Schnee bleiben die Konstanten ihres künstlerischen Lebens.

Barbro Behm

Eis- und Steinbildhauerin, Kiruna, Norrbotten

AnnaSofia Mååg

Eisbildhauerin und Keramikerin, Kiruna, Jukkasjärvi, Norrbotten Torneälven

Was bringt zwei schwedische Künstlerinnen dazu, ihren Wohn- und Arbeitsort 200 Kilometer nördlich des Polarkreises zu wählen und in eine Industriestadt zu ziehen, die bald um vier Kilometer versetzt wird? In einer Region, wo die durchschnittliche Jahrestemperatur bei minus 2,2 Grad liegt und der kalte weiße Winter sechs bis acht Monate im Jahr dauert?

Ob es ihre Leidenschaft für die Kunst und für das kristallklare, silberne und blaue Eis war?

»Ich will das Eis selbst zeigen, mit seinem wunderschönen Tönen und Schimmern.«

Für beide war die Begegnung mit den unendlichen Wasserlandschaften im Land der Samen Liebe auf den ersten Blick: unzählige Seen, Flüsse und Bäche, der Schnee, der klare Himmel und das mysteriöse grüne Nordlicht.

Beide mögen ihr Kiruna, die nördlichste Stadt Schwedens in der Provinz Norrbotten, auch wenn sie demnächst ihre Ateliers wieder verlegen müssen. Durch den Abbau des unter der Stadt liegenden Eisenerzes besteht die Gefahr des Einsturzes. Kiruna ist noch weiß im Frühjahr. Der Name stammt vom samischen Wort für das Schneehuhn – giron – ab, welches das Stadtwappen ziert.

Beide sind fasziniert vom Eis, das im wilden, 520 Kilometer langen Fluss Tornealven bei Jukkasjärvi geerntet wird, und lassen sich davon inspirieren. Die Wandelbarkeit des Wassers, die Vergänglichkeit des Eises und ihres eigenen Kunstwerks haben es ihnen angetan.

Jukkasjärvi – der Treffpunkt am Wasser, wie es auf Samisch heißt – ein kleines Dorf östlich von Kiruna, 540 Einwohner/innen, ist inzwischen weltbekannt für das Icehotel.

Die eine Künstlerin ist mit ihren ersten Eisskulpturen schon seit Ende der 80er Jahre dabei, die Jüngere bekam ihren ersten Auftrag im Icehotel Mitte der 2000er Jahre. Beide sind leidenschaftliche Eisbildhauerinnen, die eine gestaltet zudem Steinskulpturen, die andere Keramik.

Barbro Behm kommt aus der Provinz Norrbotten und wuchs in Kalix an der Mündung des Flusses Kalixälven am Bottnischen Meerbusen auf. Als Kind malte sie gerne – Wald und Schnee waren ihre Lieblingsmotive. Und sie wusste auch früh, dass man von Kunst nicht leben kann, »das war ein Traum«. Es gab keine Künstler/innen als Vorbild in der Familie, aber Handwerker. Ihr Vater war Schreiner und die Mutter unterstützte die Neigung der Tochter. »Ich mochte es überhaupt nicht, in der Küche zu stehen, und meine Mutter zwang mich nie, bei der Hausarbeit zu helfen.« Sie studierte schließlich fünf Jahre an der American Academy of Art in Chicago Kunst und lebte anschließend in Stockholm. Irgendwann beschlossen sie und ihr Mann, in den hohen Norden zu ziehen. Sie arbeitete mehr als 25 Jahre als Kunstlehrerin für die Gemeinde Kiruna.

Ihre besondere Beziehung zum Eis begann 1989, da war sie 45, es ging um einen Job für den Winter, ein Auftrag vom Icehotel. Eisbildhauerei war etwas Neues in Schweden – an anderen Orten der Welt war das anders. Im frühen 18. Jahrhundert soll es in Russland Eispaläste aus ausgesägten Eisblöcken gegeben haben. Seit den 50er Jahren existiert das Sapporo Snow Festival in Japan. Und dann das Icehotel. Es entstand vor 25 Jahren, als sich nach einem Schneeskulpturenkurs in Jukkasjärvi 1980 herausstellte, dass Übernachtungsmöglichkeiten fehlten. Was tun? Im Schneehaus zwischen den Kunstwerken wurden Schlafsäcke verteilt und Überlebensratschläge gegeben – mit kostenlosem Saunabesuch am nächsten Morgen. Die Idee vom Icehotel war geboren.

Zuerst fand ein Eisskulptur-Symposium statt, danach wurde der Schneebau zunächst auf dem vereisten Fluss begonnen, später dann auf festem Boden. Eisblöcke wurden aus sauberem klarem Wasser mit hoher Durchsichtigkeit und wenigen Luftblasen geholt.

Barbro Behm war eine der Künstlerinnen der ersten Stunde. In den Jahren von 1993 bis 1998 baute sie in ihrer Freizeit die Eiskapelle. Sie war verantwortlich für Idee, Design und Realisierung. Es hieß zunächst, sich eine Idee von etwas zu machen, das fünf Meter hoch und zehn Meter lang sein sollte. Viele Eisblöcke in dieser Größe wurden gebraucht. Das Sägen, Hämmern, Feilen und Schnitzen dauerte einen Monat. Dann stand die bläuliche Eiskapelle, Paare kamen und gaben sich das Jawort. Jedes Jahr entstand eine neue, andere Kapelle, »ich wiederhole mich nie«, sagt die Künstlerin. Insgesamt hat sie etwa 25 Kapellen und Gedenkstätten in der ganzen Welt aus Eis gebaut – dafür hat sie sogar zehn Jahre in Finnland verbracht. »Es war harte Arbeit«, sagt sie, zehn Tage lang hintereinander, neun Stunden pro Tag: »Nur ich und das Eis.« In Fairbanks /Alaska baute sie in fünf Wochen ein Eismemorial. Sie reiste auch jahrelang durch die arktische Welt, »ich liebe es«, sagt sie mit glänzenden Augen. Seit den 90er Jahren ist sie Schiedsrichterin bei zahlreichen Wettbewerben und Weltmeisterschaften in Schneeskulptur, ob in Alaska oder Japan und China, wo sie bereits sechs Mal war. 1999 war sie an einem Umweltschutzprojekt in Paris beteiligt: »Sauberes Wasser für die EU-Bevölkerung«. Sie bekam zahlreiche Auszeichnungen, Ende 2000 als weltbeste Künstlerin des Nordens für Eis und Schnee. Heute hat sie ihr eigenes Unternehmen, ICE POL ART, und sie unterrichtet, wie man Eis erntet und wie man aus Holz und Eis Skulpturen schnitzt.

Die Künstlerin arbeitet ausschließlich mit natürlichem Eis, nicht mit Kunsteis – »dieses Eis ist für mich tot«. Sie möchte, dass die Menschen das Material sehen und »sich öffnen«. Gefärbtes Eis ist ihr ein Gräuel: »Ich will das Eis selbst zeigen, mit seinem wunderschönen Tönen und Schimmern – warum es zerstören?« Sie bedauert, dass überall auf der Welt mit Farben gearbeitet wird und poliertes Eis bevorzugt wird.

Dass ihr Werk jedes Jahr verschwindet, macht ihr nichts aus. Eis sei eben vergänglich: »Ich mag das Schmelzen des Eises«, sagt sie, »es glänzt so und entwickelt neue Formen und

Farben.« Ihre Steinskulpturen hingegen bleiben. Im Auftrag der Stadt hat sie ein Denkmal für die Bergbauarbeiter gemeißelt – neun Tonnen Stein aus Lannavaara, einem einsamen Städtchen, das sie liebt. Dort werden Edelsteine und Kristalle gesammelt und bearbeitet, in gefrorenen Seen und Flüssen gefischt. Dort leuchtet das Nordlicht besonders grün.

Physisch sei es schwerer, mit Stein zu arbeiten. Für das Eis werden andere Werkzeuge benutzt, vor allem die Säge. An diesem blau strahlenden Frühlingswintertag lässt sie sich vom zwei Meter hohen und zwei Tonnen schweren Eisblock nahe dem Rathaus inspirieren. Sie meißelt im kristallklaren Eis, Strahlen und geometrische Figuren entstehen. »Ich werde mit Eis arbeiten, solange Körper und Geist mitmachen.«

Vom Eis besessen ist auch die Künstlerin AnnaSofia Mååg. Es begann mit einer verrückten Nacht als Touristin im Icehotel – sie war von den Artsuiten begeistert. 2006 bewarb sie sich bei der Ausschreibung für das darauffolgende Jahr. Sie bekam den Auftrag, eine Suite zu gestalten, und wurde endgültig süchtig nach Eis. Seitdem ist sie jeden Winter als Eisbildhauerin im Icehotel tätig.

Als Kind interessierte sie sich für Malerei und Bildhauerei, für Textilien, Holz, Schmuck und Keramik. »Als ich klein war, konnte ich ganze Wochenenden in meinem Zimmer basteln. Kunst war meine ständige Begleiterin.« Künstlerin zu werden schien ihr aber zu schwer. Dann entschied sie sich doch für ein Studium der Keramik in Leksand und für angewandte Kunst an der Universität Göteborg für Design und Kunsthandwerk. Acht Kunstjahre insgesamt.

»Eis ist nur Wasser in einem anderen Zustand. Ein paar Grad, alles ändert sich.«

Und dann die Entdeckung des hohen Nordens, einen Tag nach ihrer Abschlussprüfung. Eine Liebe hatte sie dorthin gelockt. Sie war hingerissen von den Schnee-Scootern, den Hütten der Sámi und dem Kebnekaise-Gebirge: »Es war, als ob ich auf dem Mond gestrandet wäre. Lappland wurde zum Mittelpunkt meiner Arbeit.« Seit 14 Jahren lebt und arbeitet sie nun hier.

Jeden November bearbeiten Künstler/innen aus aller Welt Eisblöcke aus dem gefrorenen Fluss Torne – sechs Wochen lang wird gehackt, gesägt und skulptiert. Zimmer werden mit Eis und Schnee gefüllt, 17 Schlafsuiten und zwei Luxuszimmer aus dem Eis gezaubert, 50 Zimmer insgesamt. Icehotel, Eisbar – mit Hockern, Tresen und Gläsern aus Eis – und Eiskapelle stehen ab Mitte Dezember für Touristen und Touristinnen aus aller Welt zur Verfügung.

In diesem Jahr hat die Eingangs- und Empfangshalle die Form eines Bogens und stellt eine Goathi dar, eine Sámihütte mit einer Schamanentrommel – die geschnitzten Sámi-Göttinnen beschützen die Menschen. In der »Counting Sheep Suite« helfen Schafe aus 22.000 Schneebällen den Schlaflosen. In »Momos Zimmer«, surrealistisch gestaltet nach Michael Endes Roman über die unsichtbaren Kräfte von Konsum und Kapitalismus, begleiten eisige Männer mit Hut zum mit Rentierfellen bedeckten Bett – die Zeitdiebe, die den Menschen ihre Phantasie und den Frieden stehlen.

Und dann die Elefanten-Suite. »Lasst uns mit dem Elefanten beginnen«, sagt AnnaSofia Mååg: »Wir haben alle einen Elefanten im Zimmer, heißt es auf Englisch – ein Problem, worüber wir nicht sprechen möchten, etwas Wahres, das wir nicht wahrnehmen wollen.« Sie möchte, dass Menschen die Augen öffnen: »Etwas schauen ist nicht das Gleiche wie es sehen.« Der drei Meter hohe Elefant heißt inzwischen Betsy, der Künstlerin Lieblingsskulptur. »Ich sollte ein Konzept entwickeln, etwas, das mit den Problemen in der Welt und mit sich selber zu tun hat. Ich hatte früher ein Buch über Elefanten, mochte es. Es wurde zu einer Obsession.« Sie hatte eine Woche für die Vorbereitung, danach arbeitete sie zwei Wochen an dem Elefanten. Vom Traktoristen Artur bekam sie »guten« Schnee: 36 Kubikmeter Eis. Das beste Eis wird im November, Dezember und März geerntet, erklärt sie, wenn es dick ist. Dann wird es in großen Kühlschränken gelagert. Im März wird »Snice« produziert – eine Mischung aus Eis und Wasser – vom Fluss gepumpt wird der künstliche Schnee mit der Schneekanone hergestellt. »Für den Elefanten liehen wir uns zehn Sekunden Eis vom Fluss aus, einen gefrorenen Augenblick.« Im April wird das Hotel zu Wasser.

AnnaSofia Mååg ist fasziniert von den verschiedenen Zuständen des Wassers, von den »paar Grad, die alles verändern«. Sechs Monate bleibt ihr Werk aus Eis stehen, dann ist es weg. »Dieser Gedanke ist aufregend und befreiend«, sagt sie. »Beim Schmelzen des Elefanten hatte ich aber fast eine Träne im Auge und dachte: Vielleicht kommt meine Skulptur wieder als Regen oder Wasser für einen Elefanten in Afrika?«

Seit 2010 unterrichtet sie Eisbildhauerei in dem Hotel, wo dann auch die Skulpturen der Gäste ausgestellt werden. »Big business!«, kommentiert sie. Das betraf auch ein anderes Lieblingsprojekt: 2010 schuf sie mit weiteren 40 Künstler/innen einen Eisberg in Naturgröße für die 15-minütige Schau am Laufsteg von Chanel im Rahmen der Pariser Modewoche im Grand Palais. Eine Vorskulptur wurde angefertigt, das Eis von elf Riesen-LKWs transportiert. Es dauerte neun Tage und neun Nächte, um den Eisberg zusammen mit weiteren Künstler/innen rechtzeitig für die Show fertigzustellen! »Jedes Eisprojekt ist todernst, eine Art Leidenschaft.«

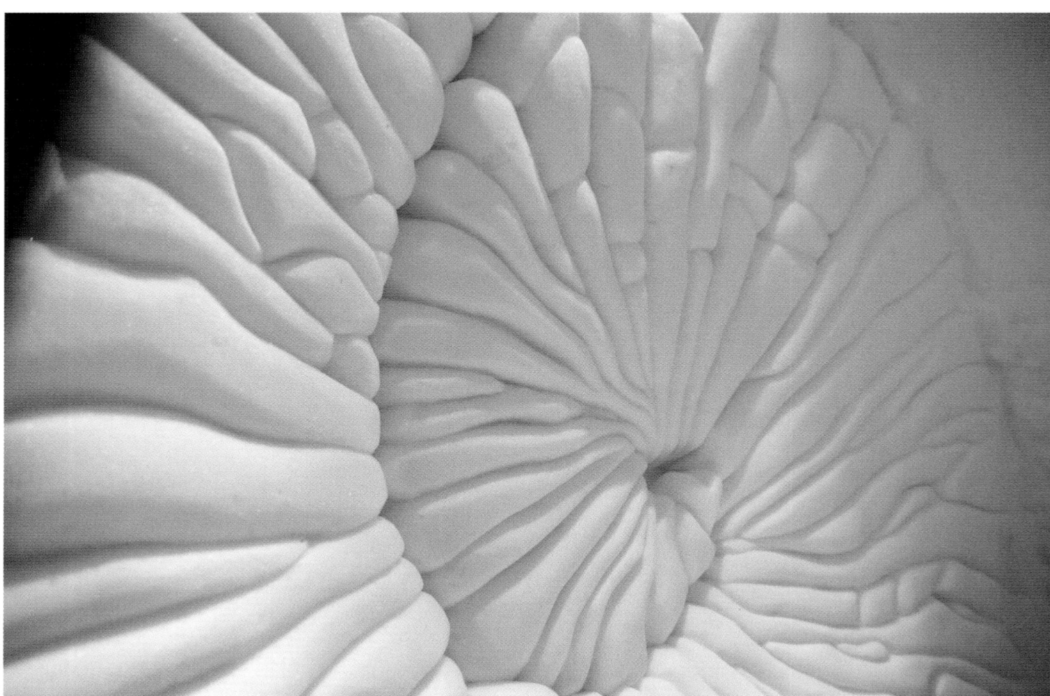

Vor ihrem Haus in der Woolfe Street hat sie gerade zwei Wölfe geschnitzt – ihr Partner Niklas, der in der Halle neben dem Icehotel die Eisblöcke verwaltet, hatte ihr zwei Tonnen Eis dafür gebracht. Eisblöcke werden inzwischen in alle Welt exportiert, beispielsweise für die Icebars des Spirituosenherstellers Absolut Wodka – von Dubai bis Shanghai, von Saint-Tropez bis Sankt Petersburg.

Nicht nur das Eis hat die Künstlerin in seinen Bann gezogen, sondern auch der Lehm, ein anderes formbares Material. Lehm lässt sich kneten. »Die Königin des Lehms«, wie sie genannt wurde, gestaltete früher abstrakt – schaute nach den Wolken, fand und erfand bizarre Formen, die sie in ihren Keramiken wiedergab. Heute formt sie große figurative Motive – in diesem Sommer arbeitet sie an einem Hasen aus Keramik für die Gemeinde. »Bei einer Keramik fügt man Material hinzu, um eine Form zu bilden, beim Eis ist es umgekehrt, es wird geschnitzt und weggenommen. Und es ist durchsichtig. Verglichen mit Lehm ist es eine neue Herausforderung. Man muss völlig umdenken.«

Wasser als Herausforderung

Akgün Ilhan

Umweltwissenschaftlerin und Aktivistin, Istanbul

Bosporus

Birsen Argun

Familienfrau und Wirtin

Hasankeyf, Südostanatolien

Tigris

Wasser ist ihr Thema, ihr Beruf, ihr Engagement, ihr Leben.

Ob ihre Leidenschaft für Wasser aus ihrer »schwimmenden Kindheit« stammt, wie sie schmunzelnd sagt? Sie ist an der türkischen Mittelmeerküste in Mesrin geboren, wuchs unter anderem in Busra auf, der Großstadt mit heilkräftigen Schwefelquellen nahe am Meer, und lebt heute in Istanbul am Ufer des Marmarameeres. Die Wissenschaftlerin interessierte sich früh für das Element Wasser. Aus Neugier, sie

»Mir schien, als ob das lebendige Wasser des Tigris alle miteinander verband und alles verknüpfte und das Völkergedächtnis von einem Ort zum anderen trug.«

wollte wissen, was die Menschheit ausmacht, und lernte, dass der menschliche Körper zu 75 Prozent aus Wasser bestehe. Das Wasser habe zudem eine spirituelle Seite, sagt sie, sie glaube an die Kraft der Natur und an die Macht des Wassers. Und sie finde Wasser einfach wunderschön.

Nach einem Studium der Landschaftsarchitektur in Ankara entschied sie sich für ein Umweltstudium. An den Universitäten und Umweltzentren in Oslo und Lund, wo sie studierte und auch arbeitete, war das Wasser nicht nur in unmittelbarer Nähe, es war auch ein wichtiges Thema im Zusammenhang mit der Debatte um nachhaltige Entwicklung. In Paris forschte sie für die UNESCO zur Beteiligung der Öffentlichkeit an der Verwaltung von Flussbetten mit; in Schweden über den zweitgrößten Fluss Spaniens, den Ebro. Spätestens da – sie war dreißig Jahre alt – war ihre Entscheidung für das Wasser gefallen, als Beruf und Berufung zugleich. »Wasser ist ein wichtiges Thema, gerade auch für die nächste Generation. Die Wassersprache bringt die Menschen zusammen.« Das Arbeiten zum Thema Wasser in all seinen unterschiedlichen Aspekten machte ihr Spaß und sie merkte: Das ist eine Gelegenheit für Menschen, eine gemeinsame Sprache zu entwickeln. »Wasser bringt uns in Kontakt mit anderen Menschen.« Es folgte die Promotion in Barcelona über »Soziale Bewegungen in nachhaltigen Übergängen, Identität und soziales Leben in den spanischen und türkischen Wasserbereichen«.

Für Akgün Ilhan ist die Wasserfrage zentral. »Es gibt ein Menschenrecht auf Wasser«, sagt sie, und »dieses wird heute verletzt. Das Wasser wird uns weggenommen«. Im 20. Jahrhundert sei das noch nicht so ein Problem gewesen, meint sie, am Ende des Jahrhunderts sei aber der Wasserverbrauch auf das Sechsfache angestiegen. Durch Produktion und Konsum, durch die Art wie wir leben. »Große staatliche und private Unternehmen graben und nehmen das Wasser weg.« Nach vierzig Jahren des Grabens sei der Boden unfruchtbar, tot. »Den Menschen wird buchstäblich das Wasser abgegraben.« Die Regierung unterstütze nicht die Bürger/innen, sondern die großen Konzerne, die das Wasser für sich beanspruchen. Es müsse eine

andere Wasserverwaltung geben, meint Akgün Ilhan, eine, die die Menschen und nicht die Profite in den Mittelpunkt stellt. Die Privatisierung von Wasser in der Türkei – unter anderem ein Ergebnis neoliberaler Politik – stehe im Gegensatz zu den Interessen der einzelnen Menschen.

Die Umweltwissenschaftlerin schreibt nicht nur Artikel und hält Vorträge über das Thema. Sie ist Aktivistin. Sie entwickelte Kampagnen für das Recht auf Wasser mit, zum Beispiel »Wasser für das Leben, nicht für den Profit« für das in der Verfassung der Türkei verankerte Recht auf Wasser. Im letzten Jahr war sie an der Kampagne »No Life by Keeping Silent – No Life without Water« beteiligt. In einer Petition wurde eine Änderung der bestehenden Gesetze zur Kommerzialisierung und Privatisierung von städtischem Wasser und Sanitätsdienstleistungen gefordert: 50 Liter sauberes und kostenloses Wasser pro Person pro Tag, entsprechend den menschlichen Bedürfnissen.

Die Umweltaktivistin war auch an der Kampagne der Initiative zur Rettung von Hasankeyf beteiligt. Bald soll dieses antike Städtchen im Südosten der Türkei für immer verschwunden sein, weggeschwemmt vom Ilısu-Stausee, Opfer der größenwahnsinnigen Politik der türkischen Regierung. Wie sie dazu kam, sich für Hasankeyf, einer von Istanbul 1581 Kilometer entfernten Stadt, zu engagieren? Als sie in Barcelona an ihrer Dissertation arbeitete, fragte sie ihr Professor nach der Anti-Damm-Bewegung in der Türkei. »Ich wusste nicht viel über Kurdistan, also fuhr ich dorthin.« Sie sah die wunderschöne Wasserlandschaft, die Felshöhlen, die mittelalterlichen Brückenpfeiler und den Tigris, sie traf Menschen – Kurd/innen, Araber/innen – und erlebte ein multikulturelles Völkchen, das eine ungebrochene Geschichte am Tigris hatte. Es schien ihr, als ob das lebendige Wasser alle miteinander verband und alles verknüpfte und das Völker-Gedächtnis von einem Ort zum anderen trug.

Sie sprach mit Frauen – eine erzählte, wie sie sich nachts ertrinkend unter dem Wasser wähnte. Akgün Ilhan stellt sich den bald täglichen Blick der umgesiedelten Bewohner/innen auf die versunkene Stadt, auf die Vergangenheit unter dem Wasser, als unerträglich vor. Viele Frauen seien müde und zermürbt von der Entwicklung nach jahrelangen Kämpfen gegen den Staudamm. Sie waren bei den Aktionen der letzten Jahre nicht dabei, sagt sie – nicht etwa weil sie den Dammbau unterstützen, sondern aus Gründen der Tradition: »Eine Frau geht normalerweise nicht außerhalb des Hauses, und schon gar nicht auf die Straße demonstrieren«, erklärt Akgün Ilhan. Als sie im Oktober 2010 das einwöchige Protestcamp auf der anderen Seite der Brücke organisierte, kamen zunächst keine Frauen, aus Angst, Aufmerksamkeit auf sich zu ziehen. »Wir haben einen Bus geschickt – dann kamen sie.« Frauen standen nicht an vorderster Front, sagt sie, weil ihre Sprache – eine weibliche – nicht die Sprache von Macht und Unterdrückung und von männlichen Machtspielen sei.

Eine der Frauen, die den gigantischen Staudamm ablehnt und nicht resigniert, ist Birsen Argun. Die arabische Frau des kurdischen Wirts der Pension Hasbahce – was so viel heißt wie Hasans Garten oder Garten der Festung – kümmert sich mit um Haus und Hof und um die Kinder.

Im Garten von Hasbahce am Tigris, unter Granatapfel- und Feigenbäumen, haben sich an diesem Frühlingssonntag Bekannte und Freunde versammelt und diskutieren über Vergangenheit und Zukunft ihrer historischen Stadt Hasankeyf. Birsen Argun, eine souveräne und lächelnde Vierzigerin, bringt çay in die Runde, serviert Kabak tatlısı, selbstgemachten kandierten Kürbis – eine Delikatesse. Frauen am Tisch erzählen Geschichten vom Tigris, nach dem Alten Testament einer der vier Flüsse, die das Paradies bewässern. Mesopotamien gilt als die Wiege der Zivilisation. Birsens Nachbarin Emine, Mitte 50, mit weißem Kopftuch, schildert, wie

»Ich will den Staudamm nicht. Wir haben genug Wasser in Hasankeyf.«

sie vor 26 Jahren die Wäsche zum Tigris brachte, wusch und schrubbte. Und wie sie nachmittags im Tigris bekleidet badete, während die Männer beteten. Heute würden Kinder manchmal im Tigris schwimmen, ergänzt Birsen. Ihr Mann Firat, stolzer Vater von sechs Kindern, ist der Ansicht, dass der Tigris weiblich sei und der Euphrat männlich – der Tigris sei eben ein ruhiger Fluss, der Euphrat dagegen hart und schnell, »zwei Flüsse, die sich ergänzen, so wie im Universum Wasser und Luft«. Er engagiert sich in der Initiative zur Rettung von Hasankeyf, für den Erhalt des gemächlichen Flusses, dessen kurdischer Name Dicle ist, ein beliebter Frauenname.

Birsen Argun ist in der antiken Kleinstadt am Tigris geboren, ihre Großmutter wohnte damals in einer der unzähligen alten Höhlen an der Burg. Mit der Familie verließ sie als Kind Hasankeyf und lebte 21 Jahre in Antalya. Sie möchte heute nicht mehr nach Antalya zurück und Hasankeyf nie mehr verlassen. Es gefalle ihr hier, es gebe genug Wasser, sagt sie, und sie führe ein gutes soziales Leben. Auch wenn es ihr in den ersten Jahren nach der Rückkehr zunächst schwer fiel, denn als Frau konnte sie beispielsweise nicht einfach allein zum Bazaar oder über die Brücke laufen.

Bei der täglichen Arbeit ist sie nicht bloße Unterstützerin ihres Mannes – sie sei oft der Boss, lacht sie. Sie engagiert sich auf ihre ruhige Art gegen den Ilısu-Damm, versucht in ihrem Umfeld zu überzeugen, organisiert Treffen mit Nachbarinnen und betet mit den Frauen unter dem Motto: »Wir wollen diesen Staudamm nicht.« Es sei allerdings schwierig, da viel Druck auf die Menschen ausgeübt würde. Viele Bewohner hätten bereits Entschädigungen von der Regierung angenommen, aus Angst um die Zukunft. Meist könnten sie sich die Wohnungen auf der anderen Seite der Brücke aber gar nicht leisten. Die neue Stadt, die bereits gegenüber der alten entstanden ist, sieht zudem wie eine Geisterstadt aus, »hässlich und deprimierend«.

Noch hoffen Birsen und Firat Argun, dass die Weltkulturstadt Hasankeyf und ihr kleines Eden nicht geflutet werden. Auf der Wiese am Tigris und im Fluss sind große weiße Steine von Künstler/innen anlässlich einer Protestaktion gegen den Staudamm gesetzt worden. Darauf steht: »Rebellion und Freiheit«.

ASTRAL
LEVEL SIX
Kober

Franziska Biechler

Kajak-Sportlerin und Guide
Versam, Graubünden
Vorderrhein

Sie hat gerade einen dreitägigen Kajak-Kurs hinter sich, sieht strahlend und ausgeruht aus. »Superschön und anstrengend«, sagt sie, die Anstrengung merkt man ihr nicht an, nur die Stimme ist etwas heiser. Am »Little Swiss Grand Canyon« vorbeizupaddeln, dem Flimser Bergsturz mit seinen 400 Meter hohen, steilen und zerklüfteten weißen Felswänden und der starken Strömung, ist auch für sie ein Erlebnis. Heute war das 10 Grad kalte Rheinwasser türkis, ihre Lieblingsfarbe.

Franziska Biechler, bald 30, ist seit vier Jahren als Kajak- und Raft-Lehrerin in der Kanuschule Versam am Vorderrhein für die Sommersaison fest angestellt. Die Schule liegt günstig – nur einen Katzensprung vom Wasser entfernt durch den Au-

»Wasser ist eine Energiequelle. Man muss mit dem Wasser arbeiten, nicht dagegen.«

enwald und direkt neben der Haltestelle der Rhätischen Bahn. Dann heißt es, den Rhein bis nach Reichenau hinunterpaddeln und mit dem Kahn in der Bahn nach Versam zurückfahren. Ihr gelbes, drei Meter fünfzig langes und 20 Kilo schweres Boot vom Typ Granate trägt sie mit Leichtigkeit unter dem Arm in die Schule zurück. Yellow Submarine habe sie es nicht genannt, lacht sie, schließlich wolle sie nicht untergehen.

Nach solchen Touren schwingt sie gerne auf der riesigen Holzschaukel am Ufer, einem temporären Land Art-Werk des Safientals. Oder sie macht noch einen »Ladies-Run« auf dem wilden Glenner, dem größten Nebenfluss des Vorderrheins, der nach Regenfällen dunkelgraues Wasser wälzt.

Ihr Weg vom Kanalkind zum Wildwasser-Mädel war ziemlich gerade, mit wenigen Umwegen, war sozusagen ein fließender Weg. Auch wenn sie eigentlich Sport und Deutsch auf Lehramt studieren wollte. Aufgewachsen ist sie in Augsburg, der Brecht-Stadt mit den drei Flüssen und dem Eiskanal. Die erste künstliche Wildwasserstrecke Deutschlands im Siebentischwald wird mit Wasser aus dem Lech gespeist.

Zum Kanal kam Franziska per Zufall. In der Familie gab es keine Sportler, aber aktive Menschen. So war sie schon mal mit der Familie an der Mecklenburgischen Seeplatte unterwegs und fuhr Kanu. Sie turnte während der Schulzeit, fand es etwas langweilig. Eines Abends hörte ihr Vater vom Kajak-Training und meinte: »Das wäre doch was für dich.« Sie schaute am Eiskanal zu, fand es lustig, der Vater erkundigte sich nach dem Training. »Am nächsten Tag war ich schon dabei.« Mit etwa acht Jahren fuhr sie Slalom, fetzte um die Stangen. Mit 15 hörte sie damit auf. Es war einfach zu viel Druck, sagt sie, und sie war es leid, vom Trainer angeschrien zu werden. Sie entdeckte das Rafting als Sportart, trainierte zweimal die Woche, später auch an Wochenenden. Das Team der Mädels gefiel ihr, bald war sie bei den Wettkämpfen dabei – zweimal bei den Weltmeisterschaften in Südkorea und Bosnien, und bei den Europameisterschaften schaffte es ihr Team im R6-Rafting auf den dritten Platz. Durchs Rafting bekam sie wieder Spaß am Wasser.

Irgendwann musste sie eine Entscheidung treffen: »Mache ich Raft und Kajak als Leistungssport oder habe ich ein Leben daneben?« Sie entschied sich dafür, Abitur zu machen und abends auch mal ein Bier trinken zu gehen …

Nach dem Abitur wollte Franziska die Welt sehen, den Blick über den Kanalrand wagen und, wie sie sagt, »ihren Horizont erweitern«. Sie war mehrere Monate in Neuseeland und natürlich auch dort mit dem Kajak unterwegs. Nach Deutschland kam sie zu spät zurück, um sich an der Universität einzuschreiben. Also machte sie einen Raftschein und absolvierte ein Praktikum in der Redaktion des Kanu-Magazins. Irgendwann klingelte das Telefon, ob sie für das Lehrteam des Bundesverbands Kanu arbeiten würde. Sie nahm an, absolvierte nebenbei eine zusätzliche Kanuausbildung, arbeitete freiberuflich als Raftguide in Tirol und als Kanulehrerin im Allgäu. Noch spielte sie mit dem Gedanken an ein Studium. Da lud eine Freundin sie nach Versam im Vorderrheintal ein. Es war um sie geschehen.

Die dortige Kanuschule bot ihr Arbeit. Eine Unterkunft fand sie bei einer »lieben alten Dame«. Im Team macht es Spaß, sagt sie, alle sind gleichgestellt. Es gebe allerdings gelegentlich Probleme zwischen Fischern und Kajaksportlern. »Wir achten schon darauf, dass wir den Anglern nicht im Weg stehen«, sagt sie. »Eigentlich sollten wir uns zusammentun und gegen die Wasserkraftwerke kämpfen.«

Am Fluss lebt es sich günstig. Sie backt ihr Brot selber und holt vom Bauern Artur ihr Gemüse. Gefeiert wird nicht im teuren Zürich. In der Schule gibt es eine Paddelbar. »Wir machen auch Feuer am hauseigenen ›Sandy Beach‹.« Ein perfekter Ort. »Ich bin ein Bewegungsmensch«, fügt sie hinzu, sie lebe am liebsten in der Natur.

Im Winter zieht es den »Zugvogel« jedoch in die wärmeren Gegenden Lateinamerikas. Um sich die Reisen zu finanzieren, backt und verkauft sie gelegentlich Kuchen – ihr Schoggikuchen laufe »supergut«, sagt sie.

In Patagonien genießt sie die Sonne, das türkisfarbene Wasser, den grünen Wald und die weißen Berge, die Gelassenheit und das einfache Leben. Dort ist das Wildwasser des Futaleufu »vom Feinsten«, schwärmt sie, die wahnsinnige Stromschnelle bereitet Nervenkitzel. Die 47 Kilometer lange Strecke lässt sich in sieben oder acht Stunden mit dem Kajak hinunterpaddeln. Mit guten Freunden das Wildwasser meistern und dann das Flachstück am Ende genießen sei das Nonplusultra. Beim Futaleufu-XL-Rennen 2016 qualifizierte sie sich für den White Water Grand Prix 2017. So sehr sie sich über die Ehre freut, so sehr zögert sie, die Herausforderung des Wettbewerbs anzunehmen. Ihr gefällt das Leben so, wie es ist. Sie will sich in Feldenkrais weiterbilden, organisiert weiterhin Kanuwochen, ob in den Wildbächen Korsikas, an der provenzalischen Durance, an ihrem Lieblingsfluss Soca in Slowenien oder in den Ardèche-Schluchten.

Franziska hat zwar schon schwierige Situationen erlebt, richtig Angst hatte sie aber nicht. »Ich bin eine recht ruhige Person«, sagt sie, darauf käme es bei dieser Sportart an. In Ekuador geriet sie einmal in eine Sturmflut. Sie befand sich mit Freunden für einen Nachmittagsrun auf einem Wildbach in einer einsamen Schlucht, wo kein Helikopter landen kann und es keinen Handyempfang gibt. Es regnete in Strömen, das Wasser stieg blitzartig an, wurde braun und schneller, die Wellen größer. Das Viererteam hatte keine Ausrüstung zum Übernachten dabei. Was tun? Zwei vom Team waren erschöpft. Die beiden anderen versuchten, sich noch vor Einbruch der Dunkelheit zu Fuß und ohne Machete einen Weg aus dem Dschungel heraus zu bahnen, gaben aber nach zwei Stunden auf. Also hieß es zurück aufs Wasser und mit höchster Konzentration weiter flussabwärts paddeln. Sie schafften es. Doch um da schließlich einen Ausstieg zu finden, müsse man wirklich gut zusammenspielen.

Am Paddeln fasziniert sie der besondere Blick auf die Landschaft. Aber vor allem auch die »erforderliche Kombination aus präziser Technik und wohlüberlegter Taktik«.

Der Job als Kanulehrerin ermöglicht ihr, ihre Kajak-Leidenschaft auszuleben – und auch ihr Geld zu verdienen.

Im Wasser fühlt sie sich am wohlsten. Wasser ist eine Energiequelle, sagt sie. »Es lehrt mich sehr viel, zum Beispiel, immer präsent zu sein.« Der Fluss ändert sich die ganze Zeit, die Strömung ist nie gleich. Mit dem Wasser arbeiten, nicht dagegen, heißt ihr Rezept, sich gehen lassen: »Wenn man gegen den Wirbel kämpft, geht es meistens schief, wenn man mit dem Wirbel tanzt, wird es richtig gut.«

Swann Oberson

Langstreckenschwimmerin, Weltmeisterin
Meinier
Genfersee

»Der Weg zu Swann« führt uns an die Pointe de la Bise, an einen kleinen Badestrand mit Campingplatz im Grünen, am Rand einer Naturoase mit viel Schilf und Haubentauchern, sechs Kilometer von Genf und dem 140 Meter hohen Jet d'eau (dem »Wasserstrahl«, einem Wahrzeichen der Stadt) entfernt. Dort treffen wir Swann Oberson kurz nach ihrer erfolgreichen Prüfung zum Bachelor. Das blaue Wasser lockt, ist ihr aber zu kalt mit seinen 20 Grad und es wimmelt von Entenflöhen.

»Wasser ist mein Element, mehr als die Luft. Ich genieße es, mich darin zu bewegen.«

Ihren Vornamen mochte sie als Kind nicht. Swann wollte einen Namen wie alle Mädchen haben, zum Beispiel Sandra. Swann stand zudem für eine der Hauptfiguren in Marcel Prousts »Auf der Suche nach der verlorenen Zeit«. Heute, nach einer Karriere als Schwimmerin, ist sie froh über den Namen. Er passt einfach. Zu ihr und zum Genfersee mit den weißen Schwänen.

»Ich bin eine Tochter des Wassers«, sagt sie. Bereits als Vierjährige machte sie zusammen mit ihrem zweieinhalbjährigen Bruder einen Kurs bei den »bébés nageurs«, den »schwimmenden Babys«. Vater, Mutter, Sohn und Tochter bereiteten sich damals nebst Schäferhund auf eine Weltsegeltour vor. Die Kinder sollten ein gutes Verhältnis zum Wasser entwickeln und etwaiger Angst vor den Meeren sollte vorgebeugt werden. Das erwies sich als kluge Maßnahme. Denn als sich die Familie eines Tages in einem griechischen Hafen aufhielt, fiel Swann vom Boot. Entsetzen und Schreie auf den Caféterrassen, die Mutter sprang sofort ins Wasser. Und Swann? »Ich habe mich einfach auf den Rücken gedreht, so wie ich es gelernt hatte.« Während der langen Monate auf See gab ihr die Mutter Vorschulunterricht. Die meiste Zeit verbrachte sie jedoch im Wasser.

Die Eltern waren sportlich, der Vater radelte und segelte auf dem Genfersee. Die ganze Familie war immer viel unterwegs, zumal die Großmutter auch Reisen organisierte und die französische Mutter obendrein in einem Reisebüro arbeitete. Es war eine »schwimmende«, reisende und prägende Kindheit.

Auch später ist Swann immer geschwommen – nicht wegen der Wettkämpfe, sondern weil sie einfach Spaß daran hatte. »Wasser ist mein Element, ich muss schwimmen, um mich wohlzufühlen. Es ist eine sinnliche Erfahrung.«

In der Schule wurde ein Sportlehrer bald auf ihre Begabung aufmerksam und empfahl ihr, die »Sportklasse« zu besuchen. Sie war elf oder zwölf Jahre alt, hatte große Lust auf das Schwimmen und sagte Ja. Mit 13 Jahren nahm sie bereits an Turnieren teil. Das wirkte sich allerdings auf die Schulleistungen aus. Eine Entscheidung musste getroffen werden: Schwimmen oder das letzte Schuljahr nach der allgemeinen Schulpflicht beenden? Swann entschied sich für das Schwimmen, trainierte in Genf, ein Jahr in Lugano und zwei Jahre in Würzburg. Ein hartes Training, mit fünf Stunden Schwimmen und einer Turnstunde pro Tag – manchmal, erzählt

sie, habe sie dabei auch geweint. Aber es zahlte sich aus. Sie nahm 2005 an ihrem ersten internationalen Schwimm-Wettbewerb bei der Universiade in Izmir teil. Es folgten zahlreiche Turniere und Rekorde rund um die Welt – Bangkok, Eindhoven, Bellinzona, Barcelona, Cancún, Dubai, Hongkong; Silbermedaille beim Weltcup in Moskau, 6. Platz bei den Olympischen Spielen in Peking. 2011 in Shanghai erfüllte sich schließlich ihr Traum: Sie wurde Weltmeisterin im Freistil und die erste Schweizerin mit einer Goldmedaille.

Eine weitere steile Karriere schien vorgezeichnet. Allerdings wollte sie nebenbei auch das letzte fehlende Schuljahr nachholen und auf Lehramt studieren – Sport und Geografie. Eine schmerzhafte Schulterverletzung und eine OP zwangen sie zur Ruhe. Doch Swann hat Ausdauer. Ihr Comeback 2015 wurde mit dem Sieg bei einer weiteren Schweizer Meisterschaft belohnt. Insgesamt war sie 37 Mal Siegerin in der Schweiz.

Im Frühjahr 2016, kurz vor ihrem 30. Geburtstag, stand sie wieder vor einer schwierigen Entscheidung: Sollte sie sich ernsthaft auf die Weltmeisterschaft in Rio de Janeiro vorbereiten und parallel dazu ihr Studium in Lausanne fortsetzen? Zwei Dinge gleichzeitig und halbherzig machen, das konnte und wollte Swann Oberson nicht. »Ich hätte mein ganzes Leben weiter schwimmen können«, sagt sie, »aber was wäre nach den Olympischen Spielen in Rio de Janeiro?« Diesmal, nach 15 Jahren Leistungssport, entschied sie sich für das Studium. Sie hörte zeitweilig mit dem Schwimmen auf, nahm schnell zu und fühlte sich in ihrem Körper schon unwohl, sagt sie »wie ein »pâté en croûte« (wörtlich: wie eine Pastete im Blätterteig). Nun ist die Prüfung bestanden. Gleich nach unserem Treffen wird sie eine Freundin im Sportzentrum Les Vernets trainieren. Sie braucht das Schwimmen.

Doch sie bedauert ihre Absage an die Wettkämpfe nicht und zieht insgesamt eine positive Bilanz: »Ich habe viel Glück gehabt, ich konnte zehn Jahre lang vom Sport leben und meine Leidenschaft ausleben und habe wunderbare Reisen gemacht.« Dies sei vielen nicht gegönnt, da der Schwimmsport in der Schweiz nicht besonders gefördert werde – was andererseits wiederum den Vorteil habe, dass finanzielle Interessen nicht im Mittelpunkt stünden. Ihr Weltmeistertitel sei in der Schweiz nicht viel wert, meint sie. »Ich bin nicht Milliardärin geworden, es hat aber mein Leben etwas verändert und ich bin sehr glücklich darüber.«

Sie habe im richtigen Augenblick aufgehört, sagt sie, und sei des Wassers nicht überdrüssig.

Sicherlich, es gab schwierige Augenblicke, Einsamkeit und Enttäuschungen. Swann erlebte auch viel Neid und empfand die Konkurrenz unter Frauen als besonders heftig. Als sie nach Würzburg zum Trainieren kommen sollte, versuchte eine andere Schwimmerin, sie daran zu hindern und erklärte dem Trainer: »Sie ist meine Rivalin, hier kann sie nicht trainieren.« Im Freistil ging es in der Führungsgruppe der Frauen manchmal gewalttätig zu. Sie erinnert sich an Seitenhiebe und Schläge gegen die Brille und einmal wurde ihr Kopf bei einer Kurve um eine Boje unter Wasser gedrückt.

Andererseits waren da die vielen schönen Empfindungen im Wasser: »Wir stützen uns auf das Wasser, es zieht uns.«

An Plänen fehlt es ihr nicht – demnächst geht es mit ihrem Freund, einem Arzt und Sportler, nach Hawaii: »Dort gibt es eine traumhafte, große Bucht, die ich schwimmend überqueren kann.« Ob sie auch den sechs Kilometer breiten Lac Léman an einem frühen Morgen wieder überqueren wird? Sie will auf jeden Fall Luft holen, am nächsten Triathlon teilnehmen, an Wochenenden in der nahen Vallée verte wandern oder Ski laufen. Im Herbst 2016 startete ihre Swann Oberson Swiss Academy im Schwimmbad der Genfer Gemeinde Thônex. Sie will dort Sportler/innen und angehende Profis trainieren und weiterbilden. »Das Schwimmen hat mir so viel gebracht«, sagt sie, »ich möchte es weitergeben.«

Dem Wasser und dem Schwimmen – einem Sport der Ausdauer – bleibt Swann Oberson treu.

Solène Le Bourhis-Beyer

Fliegenfischerin

Schleuse Quélennec, Morbihan

Blavet

Der erste »Fisch«, den sie fing … war eine grüne Rotwangen-Schmuckschildkröte mit gelbem Bauchpanzer. Ihre Mutter hatte eine Angel aus Bambus gebastelt, mit einem Stück Käse als Köder. Sie war sechs Jahre alt, verbrachte ihre Ferien im weißen Herrenhaus der Großmutter zwischen dem Städtchen Hennebont und der Schleuse von Quélennec oberhalb des Flusses Blavet.

Als Kind mochte sie Freizeitaktivitäten im Grünen; sie ritt (und hat sich dabei manchen Wirbel verrenkt), segelte und fuhr Kajak im Wildwasser. Nichts aber prädestinierte sie besonders für das Angeln. Eines Tages, im Lachsmuseum von Pont-Scorff, sah Solène einen Mann, der Fliegen band – diese Köder aus bunten Haaren und Federn. Da biss sie an.

Sie besuchte daraufhin eine Angelschule und schloss ihr Studium als Guide, Lehrerin und Betreuerin für Naturschutz und für Freizeitfischerei und Umwelt ab.

Heute organisiert die 24-jährige Solène Angelkurse und Führungen, Naturwanderungen und Entdeckungstouren an den Ufern des Blavet mit ihrer wundervollen Fauna und Flora. Und sie lebt ihre Leidenschaft für Fliegenfischerei aus, sie unterrichtet die Wurftechnik und das Fliegenbinden und beteiligt sich seit 2014 erfolgreich an Wettbewerben. Sie wurde bretonische und französische Siegerin im Fliegenbinden, war Sechste beim französischen Frauenwettbewerb für Fliegenfischerei im Angelteich.

Solène ist zum Blavet, dem Fluss ihrer Kindheit, zurückgekehrt: Seit zwei Jahren bewohnt sie das Schleusenhaus von Quélennec.

Die Region bemühte sich inzwischen um die Wiederbelebung der Schleusen, darunter Quélennec, wo sie als Kind spielte. Solène hatte viele Ideen im Kopf und beäugte das Häuschen mit den blauen Fensterläden am Treidelweg zwischen Lorient und Pontivy. Sie schlug eine Trinkhalle und Aktivitäten rund um das Angeln vor.

»Das Wasser ist vor allem das Leben in seinem Ursprung. Und es ist geheimnisvoll: Man braucht eine Taucherbrille, um unter Wasser zu sehen, und eine Angel, um zu erfahren, was da abläuft.«

Ihr Projekt wurde angenommen. So schuf sie sich einen Job, den sie mit ihrer Leidenschaft für das Fischen verbinden konnte. Für sie ist das Angeln Freizeit, Sport und Beruf zugleich. Rund um die Uhr.

Quélennec benannte sie in »Écluse des migrateurs« (Schleuse der wandernden Fische) um, wegen der Lachse, Aale und Flussneunaugen, die im Blavet zu finden sind. Der Fluss ist fischreich. Hier sind sowohl Süßwasserfische wie Zander, Karpfen, Hechte, Brachsen und Rotaugen ansässig als auch Seeforellen, Aale und Lachse – die Fischkönige des Atlantiks.

Wenige Kilometer entfernt Richtung Hennebont gibt es Brackwasser; diese Mischung aus Süß- und Salzwasser zieht die Wolfsbarsche, Schollen und Meeräschen an. Für Solène, die Herausforderungen liebt, stellt das Fangen von widerspenstigen Meeräschen »einen echten Kampf« dar. Ihr Lieblingsfisch ist aber der 80 bis 90 Zentimeter lange Maifisch, auch Alse genannt, aus der Familie der Heringe – sie hat übrigens ihre

Prüfung über die Reproduktion der Alse im Blavet und die Hindernisse für deren Migration gemacht.

In Quélennec können es nur springende Fische flussaufwärts schaffen – die Fischpassage ist den anderen Fischen nicht angepasst.

Noch ein anderer Fluss begeistert sie, ein Gewässer der ersten Kategorie unter anderem in Bezug auf Lachse und Forellen, unweit des Blavets: der Scorff – skorf heißt auf Bretonisch »Entladung eines Teiches«. Er ist ihr Lieblingsfluss, ruhig, umgeben von Felsen und grünen Pflanzen, mit vielen Tieren. Sie mag den Mischwald entlang der Ufer, die Buchen mit ihrer glatten Rinde, die gewundenen Eichen und den großen Königsfarn. Dort, in Moulin Stang, zieht sie ihre grünen Anglerstiefel an und schwingt durch das Wasser laufend ihre Fliegenangel wie ein Lasso. Wenige Fische entkommen ihrem scharfen Blick und ihrer präzisen Wurftechnik.

Manchmal verwendet sie eine Eintagsfliege, eine kleine Fliege mit durchsichtigen Flügeln, als Köder. Sie zeigt auf die Köcherfliege (Phryganea), die sich in einem winzigen Holzstück unter den Steinen versteckt hält – eine köstliche Speise für die Forelle.

Die Naturkennerin erzählt von der auf der Wasseroberfläche wuchernden Wasserpest mit den weißen Blüten, vom Wasserhahnenfuß und vom Drüsigen Spring-

kraut, auch Himalaya-Balsamine genannt, mit rosa traubigen Blütenständen, das entlang des Flusses wächst – »eine aus den Gärten entkommene Pflanze«, die zunehmend die Ufer erobert.

Die zweite Leidenschaft der Anglerin ist das Binden von winzigen künstlichen Fliegen. Dafür verwendet sie Federn vom Hahn oder Goldfasan und Fell vom Hasen oder Rebhuhn, die sie auf ihrem Bindestock präpariert und um den Angelhaken wickelt. Dies schafft sie mit erstaunlicher Fingerfertigkeit. »Ich bin sehr handwerklich veranlagt«, sagt sie bescheiden: Unter ihren imitierten und imaginären Fliegen finden sich der Grashüpfer, die kleine weiße Mücke, die Eintagsfliege, die Ameise, der Skarabäus und der rote Wurm … Solène, die genauso geschickt mit dem Faden wie mit der Angel hantiert, kreiert sogar Modeschmuck aus ihren Fliegen.

Ob Fliegenbinden, Angeln oder Wandern, all ihre Aktivitäten drehen sich um das Wasser. Für sie ist das Wasser vor allem »das Leben in seinem Ursprung. Und es

ist geheimnisvoll: Man braucht eine Taucherbrille, um unter Wasser zu sehen, und eine Angel, um zu erfahren, was da abläuft.« »Das Wasser lesen«, sagt sie. Das Wasser sei sehr dunkel in der Bretagne, man müsse den Fisch suchen.

Der Blavet hat außerdem seine eigene Nessie, den Wels. Dieses Raubtier mit großem Maul und sechs Barteln kann über zwei Meter lang und mehr als 130 Kilo schwer werden. Vier Welse wurden seit dem Wasserablass des künstlichen Sees von Guerlédan 2015 gefangen, der vom Blavet durchquert wird. Der Zustand des Staudamms sollte geprüft werden. Das Problem für die Lachse seien die vielen Schleusen hier, meint Solène. »Wenn die Lachse dahinter festsitzen, brauchen sich die Welse nur zu bedienen.«

Die Welse sind real. Aber es gibt andere Wesen in diesem Land der Legenden und Kobolde, die der Fantasiewelt angehören – Korriganen zum Beispiel, kleine Zwerge, die bei Dämmerung an Brunnen und Quellen herumgeistern, den Guten helfen und die Bösen bestrafen. In Poul-Fetan, was auf Bretonisch so viel heißt wie »der Waschplatz am Brunnen«, einem restaurierten Dorf aus dem 16. Jahrhundert am Ufer des Blavet, kamen früher die Frauen zum Brunnen. Die »kannerezed noz«

– die Wäscherinnen der Nacht –, so wird erzählt, waren dazu verdammt, von Sonnenuntergang bis zum Sonnenaufgang Leichentücher zu waschen. Sie baten nächtliche verspätete Passanten, ihnen beim Auswringen der Laken zu helfen. Wer das Laken dabei nicht in die gleiche Richtung wie die Wäscherin drehte, wrang seinen eigenen Körper im Leichentuch aus.

Solène Le Bourhis-Beyer mag Legenden, doch sie steht mit beiden Füßen auf dem Boden und oft genug im Wasser.

Für die nahe Zukunft plant sie Wettbewerbe im Reservoir, im Fluss oder im Teich – auch wenn diese acht Stunden andauern und nicht einfach sind. »Es bringt mich dazu, besser zu angeln und es bietet die Möglichkeit, sich über die verschiedenen Techniken auszutauschen.« Bei diesen Turnieren zählen der regelmäßige Fang, die Größe und die Menge der Fische.

Sie wird auch weiterhin Fliegenfischerei unterrichten, am liebsten im Étang Neuf nahe Saint-Connan in den Côtes d'Armor. Und sie plant Führungen in der Bretagne im Herbst und an den Seen und Flüssen Patagoniens (Chile) im dortigen Sommer (unser Winter). »Ich sehe gerne Menschen«, erklärt die reiselustige Frau mit dem Abenteuergeist: »Manchmal muss ich einfach wegfahren.« Und andere Gewässer und Bäche erkunden.

7132

Hannelore Derungs

Supervisorin Therme Vals, Graubünden

Valser Rhein

»Einmal Vals, immer Vals«, wurde ihr gesagt, als sie vor 25 Jahren in das Bergdorf im grünen, abgeschiedenen Hochtal kam. Damals hat sie gelächelt. Die ausgebildete Kellnerin kam gerade aus ihrem Städtchen Schladming zwischen den Dachstein- und den Tauern-Bergen in der Steiermark und konnte sich nicht vorstellen, hier lange zu bleiben. Doch das 1.252 Meter hoch gelegene Vals mit tausend Einwohnern, tausend Schafen, tausend Gästebetten und unzähligen Bächen, Quellen, Rinnsalen, Sückas (»sumpfige Stellen« auf Rätoromanisch) und Flüssen wie dem Valser Rhein gefiel ihr allmählich. Zwanzig Jahre lang arbeitete sie in einem Hotel. Da war sie längst richtig angekommen – mit Arbeit und Familie, heute sind ihre beiden Söhne erwachsen.

Als sie vierzig wurde, begann sie in die Zukunft zu denken. Und die Aussicht, ihr restliches Arbeitsleben im anstrengenden Hotelservice zu stehen, schien ihr wenig

»Die Therme muss man erleben und fühlen. Das ist der Ferrari unter den Thermen.«

verlockend. Auch wenn sie gerne viele Gäste um sich hat. Im Dorf bleiben wollte sie aber, und sie schaute sich nach einem anderen Arbeitsplatz um. Die Personalchefin der renommierten Felsentherme bot ihr eine Tätigkeit am Empfang an. Das gefiel ihr. Sie blieb. Seit 2010 arbeitet Hannelore Derungs nun im Schichtdienst, fünf Tage die Woche, manchmal auch sonntags von 7 bis 11 Uhr für die Hotelgäste oder von 11 bis 20 Uhr für die Badegäste. Sie mag die Ruhe, die Landschaft, die Leute, die Berge und das Wasser. Sicher, es gebe auch hektische Tage in der Hochsaison: »Aber drinnen ist Ruhe.«

Am Empfang wird sie von den Gästen am häufigsten nach dem Wasser gefragt, wo es herkommt und mit welcher Temperatur es aus dem Boden kommt. Und sie erzählt, wie das Regen- und Schmelzwasser vom imposanten 3.121 Meter hohen Piz Aul in die Gesteinsschichten eindringt und sich dabei mit den verschiedenen Mineralien anreichert. Nach etwa 25 Jahren und einem tausend Meter langen Weg sprudelt das 29 Grad warme Wasser aus der St. Petersquelle in Vals.

Das genaue Alter der Thermalquelle ist nicht bekannt, es gibt jedoch Funde aus der mittleren Bronzezeit. »Thermae« – vom griechischen thermós – bedeutet »heiß«. Im 17. Jahrhundert soll die Valser Thermalquelle bereits genutzt worden sein, »ein leichtes, klares weiches Wasser«, hieß es. Anfang des 19. Jahrhunderts befand ein Apotheker aus Chur, das eisenhaltige Wasser habe eine »erweichende, reizmildernde Kraft«. Im Sommer 1893 wurde das »Kurhaus Therme« mit sechzig Betten und einem Badehaus eröffnet. Etwa 70 Jahre später wurde die alte Therme zu einem Kurzentrum erweitert. 1983 erwarb die Gemeinde das Kurhotel und beauftragte den Bündner Architekten Peter Zumthor mit der Schaffung eines neuen Bads.

In den 60er Jahren des 20. Jahrhunderts wurde die St. Petersquelle parallel zur Therme von Neuem entdeckt. Die Geschichte des Valser Mineralwassers begann, eines Wassers mit wenig Kohlensäure, das in der ganzen Schweiz verkauft wird (das »Valser Naturelle« ohne Kohlensäure und das »Valser Viva«, ein sogenanntes Wellness-Wasser). 2002 kaufte der Getränkemulti Coca-Cola die Mineralquelle.

In der Felsentherme fühlt sich Hannelore Derungs am richtigen Ort. Es freut sie, wie gestresste Menschen aus aller Welt in das Thermalbad eintauchen und völ-

lig entspannt wieder herauskommen. Dafür sorgen die verschiedenen Bäder mit unterschiedlichen Temperaturen, die in »einem geometrischen Höhlensystem« (Peter Zumthor) entdeckt werden können: das türkisblau leuchtende, einführende Innenbad mit 32 Grad, in das man hineingleitet und sich treiben lässt, und das 42 Grad heiße Feuerbad gegenüber dem 14 Grad kalten Eisbad. Im 33 Grad warmen Blütenbad mit Unterwasserbeleuchtung schwimmen duftende Ringelblumen, in der Quellgrotte, auch Klangbad genannt, erklingt ein Summen und Brummen. Im dunklen Schwitz- und Dampfstein beträgt die Luftfeuchtigkeit zwischen 85 und 100 Prozent. Es gibt noch einen Trinkstein mit eisenhaltigem rotem Quellwasser (29,8 Grad) sowie Klangsteine, auf die man sich legen kann. Im Außenbad schwimmt man je nach Jahreszeit umgeben von grünen oder weißen Dreitausendern. Die Felsentherme ist kein Rummelplatz, kein Spaßbad mit Fitness-Klimbim – da gibt es kein stressiges Sprudelbad und keine Uhr. Sie ist ein Ort der Ruhe, der Meditation, des Spielerischen und der Entspannung. »Eintauchen ins Wasser zur Entspannung, als Ritual. Reinigung. Ruhe. Gelassenheit … den eigenen Körper in feinen Nuancen spüren«, schreibt Peter Zumthor.

Loslassen ist angesagt, entspannen und die Zeit vergessen. »Die Therme muss man erleben und fühlen«, sagt die Spa-Frau, die es vielleicht zweimal im Monat schafft, selbst hineinzugehen. Natürlich erlebte sie diese Besuche anders, da die Therme zugleich ihr Arbeitsplatz ist.

Hannelore Derungs hat eine abwechslungsreiche Tätigkeit. Inzwischen ist sie zudem Abteilungsleiterin von etwa 20 Mitarbeiter/innen (von Therapeuten, Bademeistern bis zu den Reinigungskräften) und ersetzt die Spa-Managerin. Sie koordiniert die Arbeit, erklärt den Gästen den Weg durch das Labyrinth von Therme und Hotelkomplex und gibt Empfehlungen.

Die Ganzkörper-, Klangschalen- oder Hot Stone-Massagen könne man letztlich überall haben, auch Akupunktur gehöre inzwischen zum Standardrepertoire einer Therme. Etwas Besonderes sei aber ihre Kräuterstempelmassage. »Wir haben eine Kräuterhexe, die die aromatischen Kräuter der Region zusammenstellt.« Diese Massage sei spannend und entspannend. Die Spa-Frau empfiehlt auch die Wassermassage, eine alternativmedizinische Anwendung. Man schwebt im etwa 1,50 Meter tiefen Wasser, Kissen werden unter Kopf und Beine gelegt, der Therapeut ist mit dem Gast im Wasserbecken, hält, dehnt und streckt ihn. Dabei werden die positiven Eigenschaften des Wassers mit den Grundlagen des Shiatsu verbunden. Es entstehe ein Gefühl der Schwerelosigkeit und der tiefen Entspannung, und im warmen Valser Thermalwasser würden die Gelenke entlastet und die Durchblutung verbessert.

Die besondere Attraktion bleibt der puristische rechteckige Bau der am Berghang gelegenen Therme selbst, in dem Stein, Wasser und Licht harmonieren. »Die Inszenierung des Tageslichtes … ist von den orientalischen Kuppelbädern angeregt«, schreibt Peter Zumthor. Sein »Meisterwerk der Moderne« aus 60.000 Valser graugrünen Quarzitplatten wurde 1996 eröffnet und 1998 unter Denkmalschutz gestellt.

Es gehöre fast zum Pflichtprogramm der Zürcher Architekturstudent/innen, einen Tag hier zu verbringen, sagt die Frau in der Empfangshalle am Ende eines tunnelartigen Ganges. Und auch von den Gästen wird das Bauwerk aus Berg, Stein und Wasser heute anerkennend angenommen.

Für Hannelore Derungs ist die Valser Therme 7132 (nach der Postleitzahl des Bergdorfs) »der Ferrari unter den Thermen«.

Cecilia Lundin

Outdoor Guide, Iglu-Architektin

Jokkmokk, Saltokuolta, Norrbotten

Långås-See, Luleälven

Der Ort muss in der weißen Weite erst einmal gefunden werden.

Im Wagen auf den im schwedischen Winter obligatorischen Spikesreifen geht es durch verschneite Kiefernwälder, dann mit dem Schneemobil über den tief gefrorenen Långås-See nach Saltoluokta – einer Fjällstation mit ein paar grünen, gelben und dunkelroten Holzhäusern am Rand des Königspfads, des Fernwanderwegs Kungsleden. An diesem Märztag, an der Wende vom »echten Winter« zum »Frühlingswinter« – die Sámi unterscheiden drei Phasen des Winters – ist es windstill. Eine gute Voraussetzung für den Bau eines Iglus. Cecilia Lundin entscheidet sich für einen einsamen Hügel oberhalb der Birkengrenze, eine halbe Stunde mit Rucksack und

Schneeschuhen von der Berghütte entfernt. Eine geeignete Stelle wird gefunden, sie prüft die Schneestruktur. Es ist kein Pulverschnee, sondern vom Wind gepresster Schnee, der richtige für ihr Vorhaben: ein Haus aus Wasser zu bauen. Für die energische und agile, in orangefarbene Schneekleidung gehüllte Vierzigerin ist es Routine und doch jedes Mal wieder eine Herausforderung.

Es wird dort gebaut, wo Schneeblöcke gut herausgesägt werden können. Cecilia zieht mit Hilfe ihrer Skistöcke einen Kreis im Schnee, ein kleiner Graben wird ausgehoben. Danach werden rund fünfzig Schneequader mit einer Säge herausgeschnitten – etwa zehn Zentimeter dick, 50 Zentimeter lang und 30 Zentimeter breit; sorgfältig werden sie erst im Kreis und dann spiralförmig übereinander gestellt. Die etwas größeren Blöcke für die untere Reihe wiegen rund zehn Kilo. Ein harter Job! Und eine ausgeklügelte Konstruktion. Nach sechs Stunden schließt der letzte Schneeziegel den Iglu, die Architektin hat sich bewusst selbst eingemauert. Eine Tür wird von innen herausgesägt, Schnee in die Ritzen gestopft. Fertig ist die kuppelförmige Schneebehausung, der Iglu – ein Eskimowort für Haus – steht. Rentierfelle werden

»Alles, was ich tue, hat mit Wasser zu tun: ob Schneeballunterkunft, Iglu, Kanu oder Rafting.«

auf den kalten Boden gelegt. Cecilia erwärmt auf dem kleinen Gaskocher schmackhaftes Rentierhack, das in eine Fladenbrottasche gelegt wird. Im gewölbten, bläulich schimmernden Haus wird gegessen, es werden Geschichten von brechendem Eis auf dem See erzählt. Und es wird geschlafen. Cecilia legt außerhalb des Iglus ein Rentierfell auf die Schneewiese, spannt eine Plastikplane zwischen die zwei Skistöcke als Windschutz und mummelt sich im warmen Schlafsack ein. Sie bewacht uns und ihren Iglu auf dem Hügel. Die kalte stille Nacht – es sind minus 15 Grad – breitet sich hundert Kilometer nördlich des Polarkreises aus. Ein klarer Sternenhimmel beleuchtet die Landschaft.

Am frühen Morgen hält ein Schneemobil an, schaut nach, ob sich etwas um den Iglu herum bewegt, und fährt bei unserem Anblick weiter. Huskys ziehen mit Schlitten vorbei, bringen abenteuerlustigen Touristen ihr Gepäck über den Berg. Die weite Sicht auf den blauweißen Akkajaure-See, dessen Ufer von kleinen Birken gesäumt werden, und auf die bizarren, in den See fallenden Berge entschädigt für die klirrend kalte Nacht. Durch den weißen See fließt unsichtbar einer der großen Flüsse Schwedens, der 460 Kilometer lange Luleälven, an dem insgesamt fünfzehn Wasserkraftwerke stehen.

Wie kommt eine junge Frau aus einem von Seen, Bächen und Flüssen umgebenen Bergbaugebiet in Mittelschweden dazu, Iglus im Sápmi – dem Land der Samen – zu bauen?

Eigentlich wollte Cecilia Lundin Biologin werden.

Mitte der 90er Jahre kam sie nach Jokkmokk und verliebte sich ins Land der Sámi. Sie beschloss, sich der wilden Natur zu widmen. Ende der 90er Jahre absolvierte sie diverse Ausbildungen als Berg- und Wildnisführerin, studierte Ökotourimus und arbeitete im Ättje, dem Museum der Samen, mit. Seitdem bietet sie naturverbundene Touren an, seien es Kanufahrten im Sommer oder Iglubaukurse im Winter. »Alles, was ich mache, hat mit Wasser zu tun: ob Schneeballunterkunft, Iglu, Kanu oder Rafting«, sagt sie. Das Fließende und Vergängliche gefällt ihr. Auch, dass ein Iglu nicht für die Ewigkeit gebaut wird, sondern schmilzt und zusammenfällt. Und dass es aus eigentlich flüssigem Material gemacht wird: aus Wasser.

Iglubauen erlernte sie von einem Bildhauer, vor allem aber im Trial- und Error-Verfahren. Die Natur sei die beste Lehrmeisterin, sagt sie – man bekomme unmittelbar eine Antwort von ihr. »Von der Natur lerne ich Flexibilität.«

Wahrscheinlich habe sie bereits tausend Stunden mit Iglubauen verbracht. Seit 2013 baut sie etwa dreißig Iglus pro Jahr. Die Bautechnik stammt von den Inuit in Kanada und Grönland, die die Schneehäuser heute nur noch bei der Jagd benutzen.

Die nomadischen Samen haben nie Iglus gebaut, erklärt Cecilia, sondern »goathe«, Hütten aus Lehm, Zweigen und Gräsern oder leichte Tipi-Zelte. Sie erzählt von der früheren Diskriminierung der Samen. Heute habe sich das Leben des Volks der Sonne und des Windes geändert. Die Samen haben ein eigenes Parlament. Die Farben Rot (wie der Sommer) und Blau (wie der Winter) ihrer 1986 offiziell zugelassenen samischen Flagge wurden um Grün für den Frühling und Gelb für den Herbst erweitert – ein Kreis symbolisiert die Sonne (rot) und den Mond (blau) und steht für die Schamanentrommel. Zeichen für eine neue Identität nach einer dunklen Vergangenheit? Das Völkchen, das so oft als primitiv bezeichnet wurde, wusste durch die Zeiten hindurch weise acht Monate Winter im Jahr zu bewältigen. Übrigens: Das Samische kennt rund dreihundertsechzig Wörter zur Beschreibung der verschiedenen Arten von Schnee.

Cecilia Lundin ist nicht nur *Die* Iglu-Architektin. Die Wasser- und Naturliebhaberin ist auch handwerklich begabt. Sie hat zwei Kanus und ihre eigenen Skier gebaut – auf diesen abgebildet ist Cecilie Skog, eine norwegische Abenteurerin. Zudem ist sie Pächterin der Villa Åsgård, eines Wanderheims in Jokkmokk, dem Zentrum der samischen Kultur. Im Garten hat sie Schneehäuser aus gepresstem Schnee in der Form großer, ausgehöhlter Schneebälle gebaut, in denen man übernachten kann.

Die Villa existiert seit 1923 und gehört der Gemeinde Jokkmokk. Åsgård habe mehrere Bedeutungen: Es bezeichnet sowohl den Wohnort eines nordischen Göttergeschlechts als auch eine trockene Erhebung über einer Sumpfebene. Die samische Künstlerin Birgitta Ricklund hat das Schild aus Lärchenholz gestaltet. Wenn sich Cecilia Lundin auf Iglu-Tour im 170 Kilometer entfernten Nationalpark Stora Sjöfallet im UNESCO-Weltkultur- und Weltnaturerbe Laponia befindet, springt der Vater, ein ehemaliger Fahrschullehrer, im Gästehaus ein.

Für die nächste Zukunft plant die erfinderische Frau ein Winterfreilutftkino mit einer großen Schneewand als Projektionsfläche. Sie will Kurzfilme während der langen verschneiten Nächte zeigen. Und freut sich immer wieder auf die weiße Weite in Jokkmokk. »Mein Luxus ist es, die Wildnis 200 Meter vom Haus entfernt genießen zu können.«

Valérie Aoustin-Huard

Schifferin

Île de Fédrun, Saint-Joachim, Loire-Atlantique

Brivet

Seit bald 15 Jahren taucht sie die vier Meter fünfzig lange Stange aus Kastanienholz ins dunkle Wasser, manövriert den traditionellen schlanken schwarzen Flachkahn aus Tannenholz durch die Wasserwege des Regionalparks Grande Brière und die märchenhafte Schilfrohrlandschaft zwischen der Loire und der Vilaine.

An diesem Frühlingstag Mitte Juni sind die meisten gelben Iris verwelkt. Es blühen jetzt das invasive großblütige Heusenkraut und der seltene Wasserhahnenfuß, auch das weiße schwimmende Froschkraut genannt; sie scheinen auf dem ruhigen Wasser zu schweben. Die Rohrweihe ist auf der Jagd, ein Nachtreiher lässt sich blikken und kündigt warme Tage an, quakende Entenfamilien sind unterwegs, ein Sumpfbiber verschwindet gerade hinter dem Schilf in seinem selbstgegrabenen Erdbau.

»Das Wasser ist ruhig, pure Entspannung. Man lässt sich vom Wind und vom Kahn tragen. Das ist wie Yoga, man vergisst die Sorgen.«

Wäre es nicht dennoch eine anstrengende Arbeit, im Sommer mehrere Stunden täglich sieben Tage die Woche durch die Wasserwege zu staken und die Naturliebhaber/innen zu führen, würde sich die gebürtige Briéronne im Urlaub wähnen.

Ihren Traum aber hat sie sich verwirklicht: Zum Erhalt der Moorlandschaft und der Traditionen beizutragen, den Spuren ihrer Vorfahren zu folgen, die Natur unmittelbar zu erleben und zu genießen, immer wieder neue Menschen kennenzulernen und Geschichten zu erzählen.

Sie ist eine von hier, vom Marais. Aufgewachsen ist sie auf Fédrun mitten in der Brière. Die Großeltern konnten sich weitgehend selbst versorgen.

Der Großvater jagte den Nerz – ihm zur Ehre ist Valéries Kahn »Vison« genannt worden. Ihr Urgroßvater war Schmied in Trignac, ihr Großvater Arbeiter auf der Werft von Saint-Nazaire und ihr Vater Trapper und Tierpräparator – im alten, reetgedeckten Haus sind noch ausgestopfte Sumpfbiber und Bisamratten zu sehen. Er unterhielt mehrere Jahre lang ein Museum mit den Tieren der Brière. Auch ihre aus Fédrun stammende Mutter Giselle war eine Zeitlang Schifferin für Touristen – ein Boot Valéries heißt Ellesig (nach Giselle genannt, in der verdrehten Sprache des »Verlan«). Valérie lernte früh das wegen des Torfs so genannte Schwarze Land unweit des Weißen Lands der Salinen kennen: das wilde Moor, das vom Brivet entwässert wird. Als Jugendliche hat sie in dieser Sumpflandschaft allerhand angestellt, Knallkörper ge-

worfen, an verbotenen Stellen gebadet und Zigaretten geraucht … Mit sechs Jahren schaukelte sie im Boot ihrer Mutter und fiel ins Wasser, ihre Schwester wäre später durch ihre Schuld fast ertrunken.

Mit zwölf Jahren organisierten sie und ihr Vetter Kahn-Wettbewerbe und sie lenkte bereits den Kahn und erklärte die Sumpflandschaft. Während der Schulferien war sie ehrenamtliche Mitarbeiterin beim Museum »La Maison de la Mariée«, dem Haus der Braut, danach im Museum ihres Vaters »Le Nid de l'île«, dem Inselnest. Mit 18 Jahren wäre ein solcher Beruf für sie nicht in Frage gekommen, sie wollte reisen, in die »Entwicklungsländer« gehen. Das konnte sie sich jedoch nicht leisten. Sie ging zum Arbeiten nach Saint-Nazaire, ein Dutzend Kilometer von der Brière entfernt, wie die meisten Menschen aus der Gegend.

Als junge Frau und Mutter eines Sohnes wurde sie dort kaufmännische Angestellte in einer privaten Firma, dreizehn lange Jahre. »Ich war eingeschlossen, ich konnte nicht mehr.« Sie vermisste die Natur.

Dann ist sie nach Fédrun zurückgekehrt, einer der acht Inseln des Städtchen Saint-Joachim. Seitdem arbeitet sie als Schifferin.

Einfach war es nicht, sich als Guide zu etablieren; die Briérons wollen unter sich bleiben, sagt sie, um die wunderschöne Landschaft zu schützen. Und dann noch eine Frau! Die einzige staatlich geprüfte Schifferin weit und breit. Drei Jahre lang musste Valérie Aoustin-Huard kämpfen um anerkannt zu werden: »Die Sumpflandschaft ist ein Männer- und Machogebiet«, sagt sie. Hier heiße es: »Ein Mann, der nicht aus der Gegend kommt, wird ein Jahr als Guide durchhalten, eine Frau einen Monat.« Sie stieß auf Neid und Argwohn, als sie anfing, man befürchtete auch, sie würde Fremde hierherlocken. Als »einziger Schiffer« wurde sie kontrolliert, ihre Werbeschilder wurden entfernt. Es gab solche Drohungen wie: »Wenn du dich noch einmal blicken lässt, kriegst du eins auf die Fresse.« Oder: »Du bist eine Frau, du hast Kinder, dein Platz ist zu Hause.« Da herrsche das Gesetz des Stärkeren, sagt sie. Wichtig sei, sich zu integrieren, um akzeptiert zu werden. Inzwischen hat sie sich Respekt verschafft. Weil sie die gleichen Werte verteidigt: die Achtung vor dem Marais, vor der Natur, wie sie ihre Urahnen geformt und bearbeitet haben. Und wenn ihre Barke an den mit Schilf und Silberpappeln gesäumten Ufern vorbeigleitet, rufen Männer ihr ein herzliches Bonjour entgegen.

Vielleicht haben sich auch die Zeiten geändert, in denen Frauen als Menschen zweiter Klasse gesehen wurden. Zwei Rebellinnen haben immerhin Eingang in Saint-Joachim gefunden: Louise Michel, Anarchistin und Frauenrechtlerin der Pariser Commune, ist die Namensgeberin der Bibliothek, Simone de Beauvoir die der örtlichen Schule.

Während der Bootsfahrt erzählt Valérie Aoustin-Huard von früheren Zeiten. Von der schweren Arbeit zu Beginn des 20. Jahrhunderts: wie die Männer tagein, tagaus mit dem »petit train«, der kleinen Bahn, zur Werft von Saint-Nazaire fuhren (für die 15 Kilometer brauchten sie anderthalb Stunden), und wie sie sich abends auf ihre Kähne stürzten, um noch zu jagen oder zu fischen.

Sie erzählt, wie die Frauen damals in der Konfektionsfabrik künstliche Orangenblüten aus Wachs herstellten, die für Brautkränze benutzt wurden – als Symbol für Unschuld und Jungfräulichkeit. Solche Blumen wurden nach London, Konstantinopel, Brüssel und Sankt Petersburg exportiert.

Sie erzählt vom einzigartigen Status der Briérons, die heute noch das Nutzungsrecht für Schilf, Weideland und Torf – die »Kohle der Armen« –, sowie das Recht auf Jagd und Fischerei halten – ein unteilbares Recht, das ihnen 1461 gewährt wurde und wonach auch alle Bewohner/innen Zugang zum Wasser haben müssen.

Valérie erzählt Geschichten rund um das Wasser: Wie sich in den 80er Jahren Touristen Barken mieteten und im Schilf-Dschungel verliefen. Und wie bei großer Trockenheit und Hitze der Wasserspiegel um einen Zentimeter pro Tag sinkt. Im Jahr 1970 war der Sumpf sogar völlig ausgetrocknet. Sie erzählt von ihrem Großvater, der im Sommer die Milchkuh auf dem Kahn über die Schotterbank zum Weideland brachte. Sie erinnert sich, wie sie Ende August mit der ganzen Familie die fünf Schafe der Großmutter von den Weideplätzen zurückholte. Für den Bau der Dächer wurde Schilf gesammelt – für ein einziges Dach musste man 40 Tage lang etwa 100 Schilfbündel täglich schneiden.

Das ist vorbei. Heute werden aber weiterhin Aale, Welse, Hechte und Zander gefischt, meint Valérie. Und die flachen Kähne, die chalands, gleiten immer noch auf dem 130 Kilometer langen Kanalnetz, wenn auch inzwischen für Touristen. Die Schifferin will mit ihnen die Schönheit der Landschaft teilen, die Gerüche des Marais und die wechselnden Farben des Wassers und des Himmels.

Wasser ist für sie auch Synonym für Heiterkeit und Entspannung. »Man lässt sich vom Wind und vom Kahn tragen. Das ist wie Yoga, man vergisst alle Sorgen.«

Zu den Porträts

Anmerkungen zur Einleitung

1. »Bottled Life. Die Wahrheit über Nestlés Geschäfte mit dem Wasser«, Dokumentarfilm 2012, Deutschland-Schweiz. Regie: Urs Schnell. www.bottledlifefilm.com/; »Water makes Money. Wie private Konzerne mit Wasser Geld machen«. Ein Film von Leslie Franke und Herdolor Lorenz, Koproduktion von Kernfilm mit La Mare aux Canards und Achille du Genestoux, in Zusammenarbeit mit AQUATTAC, ZDF/ARTE und der Filmförderung Hamburg-Schleswig-Holstein. 2010. www.watermakesmoney.com/
2. https://www.unicef.de/presse/2012/report-wasser/13924; http://www.unwater.org/
3. Vgl.: Maude Barlowe: Blaue Zukunft: Das Recht auf Wasser und wie wir es schützen können, München 2014; Vandana Shiva: Der Kampf um das blaue Gold. Ursachen und Folgen der Wasserverknappung. Zürich 2003.
4. BUND für Umwelt und Naturschutz Deutschland: https://www.bund.net/
Netzwerk Gender Umwelt Nachhaltigkeit: www.genanet.de/
Gender and Water Alliance (GWA);
http://www.womenforwater.org/; Ecomujer e.V. Frauen und Umwelt: www.ecomujer.org/

Barrie Andrian, geb. 1957 in Hartford/Connecticut, studierte Englisch und Geschichte im Trinity College in Hartford. Abschluss als Bachelor of Arts in History & Archeology. Von 1980-1985 war sie als Unterwasserarchäologin an der Bergung des Schiffswracks Mary Rose in Portsmouth beteiligt und leitete danach Forschungsprojekte auf der Insel Wight. Seit 1987 widmet sie sich mit ihrem Mann Nicholas Dixon den Ausgrabungen der Crannog in Loch Tay. Sie ist Geschäftsführerin des Scottish Crannog Centre.

Lesenswert:
Dixon, TN & Andrian, B.: Underwater Archeology in Scotland. Scottish Archeological Review 9.10.1995
Walter Scott: Rob Roy, München 1995
Robert Burns: Liebe und Freiheit. Lieder und Gedichte. Zweisprachig, Heidelberg 1988

Sehenswert:
The Scottish Crannog Centre, Kenmore, Loch Tay, Perthshire PH15 2HY, Scotland
Falls of Dochart in Killin, Acharn Falls and Queens Wood, Taymouth Castle
Kenmore Hotel, Robert Burns Gedicht über dem Kamin: Verses Written With A Pencil Over the Chimney-piece of the Inn in Kenmore (1787)

Adressen:
www.crannog.co.uk
Portsmouth: Mary Rose Museum, http://www.maryrose.org/

Birsen Argun, geb. 1974 in Hasankeyf, verbrachte mit ihrer Familie 21 Jahre in Antalya. Seit etlichen Jahren lebt die Mutter von sechs Kindern wieder in Hasankeyf, kümmert sich zusammen mit ihrem Partner Firat Algun, dem Besitzer des Hotels Hasbahce, um den Hotelbetrieb und engagiert sich gegen den Ilısu-Staudamm.

Sehenswert:
Kulturstadt Hasankeyf mit Zitadelle, Brücke und dem El-Rizk-Minarett; Höhlen am Tigris

Adressen:
Save Hasankeyf: www.hasankeyfgirisimi.net
Guesthouse Hasbahce in Hasankeyf an der Dicle Sk.
T.: 0530-9291527.

Valérie Aoustin-Huard, geb. 1969 in Saint-Nazaire, wuchs auf der Insel Fédrun in der Grande Brière/Loire-Atlantique auf, im nach der Camargue größten Sumpfgebiet Frankreichs. 13 Jahre lang arbeitete Aoustin-Huard als kaufmännische Angestellte einer privaten Firma in Saint-Nazaire. Seit 2003 ist sie die einzige staatlich geprüfte Schifferin auf der Insel Fédrun im Regionalpark der Grande Brière.

Lesenswert:
Marjan Monti: Nouveaux secrets de Grande Brière, 1986

Sehenswert:
Parc de la Grande Brière

Adressen:
www.parc-naturel-briere.com
www.valerie-briere.com/contact.php

Barbro Behm, geb.1944 in Nedre Kalix/Provinz Norbotten, studierte und arbeitete an der Kunstakademie in Chicago, u.a. für die Milan Bulovic Art Company, danach 25 Jahre lang als Kunstlehrerin und Bildhauerin in Kiruna. 1999 Mitarbeit am Umweltschutzprojekt »Sauberes Wasser für Europas Bevölkerung« in Paris. Seit Anfang 1990 Schnee- und Eisskulpturen in Finnland, Russland, Italien, für die Olympischen Spiele 2002 in Salt Lake City und am Icehotel in Jukkasjärvi. Mitarbeiterin des Ice Memorials in Fairbanks/Alaska. 2008 als beste Künstlerin des Nordens für Eis- und Schneeskulpturen ausgezeichnet. Leitet ihr Unternehmen ICE POL ART in der Arktis.

Sehenswert:
Kiruna: Kåppashålagrotte, eines der längsten Grottensysteme Schwedens, mit seinen unterirdischen Wasserfällen
Fernwanderweg zwischen Kiruna und Abisko

Carinne Bertola, geb.1958, wuchs im Dorf La Rippe in der Nähe von Nyon und Divonne auf. Sie studierte Soziologie in Genf und machte ihr Doktorat in Museumskunde in Paris. Von 1988 bis 2013 organisierte sie zahlreiche Kolloquien und über 60 Ausstellungen im Musée du Léman und ist seitdem als Projektleiterin für die Erweiterung des Museums zuständig. Sie ist Schriftführerin der Museumsstiftung und Herausgeberin zahlreicher Veröffentlichungen rund um den Genfersee.

Lesenswert:
Carinne Bertola: Musée du Léman – Nyon: Léman Maniac, Nyon 2009; dies.: Lausanne et le Léman. Encyclopédies du Voyage, Paris 2004
L'Alpe N° 72, Printemps 2016: Lac Léman. Petite mer des Alpes

Adressen:
www.museeduleman.ch/

Franziska Biechler, geb. 1988 in Augsburg, nahm bereits als Schülerin an deutschen, Europa- und Weltmeisterschaften im Rafting teil. Nach dem Abitur ging sie ein Jahr auf Weltreise und machte danach ein Praktikum beim Kanu-Magazin. Sie arbeitete freiberuflich als Raft-Guide in Tirol und als Kajaklehrerin im Allgäu. Seit 2013 ist sie Kajaklehrerin und Raft-Guide in Versam/Graubünden. 2016 qualifizierte sie sich für den White Water Grand Prix in Futaleufu 2017 (Chile).

Sehenswert:
Rheinschlucht-Wanderweg (Start bei Ilanz oder Versam)
Rheinschlucht-Rundwanderung mit Aussichtsplattform Conn bei Flims
Caumasee: Badesee bei Flims. www.caumasee-flims.ch/